Me tiro a otros delante de mi novio

Olga Castán & Sergio Martínez
@esencia_salvaje85

Me tiro a otros delante de mi novio

Todo lo que necesitas saber para vivir tu sexualidad libre, salvaje y con amor

Primera edición: abril, 2024

Arcopress • Sociedad Actual
Dirección editorial: Pilar Pimentel
Diseño y maquetación: Fernando de Miguel

www.editorialalmuzara.com
pedidos@almuzaralibros.com - info@almuzaralibros.com

Editorial Almuzara
Parque Logístico de Córdoba. Ctra. Palma del Río, km 4
C/8, Nave L2, nº 3. 14005 - Córdoba

Imprime: Gráficas La Paz
ISBN: 978-84-10520-54-7
Depósito Legal: CO-503-2024
Hecho e impreso en España - *Made and printed in Spain*

Índice

Capítulo I
Relación salvaje

Allí estaba yo, desnuda, una noche de verano dentro de una piscina al aire libre en la terraza de un club liberal de Barcelona en medio de una orgía a la que había acudido acompañada de mi novio. Era la primera vez que iba a un local de este tipo y sentía nervios y excitación por igual…

Sí, sé que suena a película porno y que te estarás preguntando cómo una chica algo reservada y vergonzosa como yo llegó a esa situación, pero recapitulemos un poco antes de continuar.

Hacía poco menos de un mes que Sergio y yo habíamos quedado por primera vez. Hicimos *match* por una *app* muy popular y enseguida pusimos fecha para vernos en persona. Por aquel entonces solía tener un par de citas rápidas cada semana sin ninguna pretensión, ya que ningún chico encajaba conmigo (sí… me había vuelto muy selectiva, pero eso ya te lo contaré más adelante).

La monogamia había pasado a la historia para mí. Sentía que había llegado el momento de tomar las riendas de mi vida y quería romper con el patrón social establecido. Llevaba cuatro años soltera. Había tenido varias relaciones convencionales que no llegaron a nada porque mis exparejas tendían a controlarme en exceso y eran muy diferentes a mí. Incluso tuve un ex que me hizo cerrar mi cuenta de Instagram. ¿Os lo podéis imaginar? Yo sin Instagram, mi ex ahora debe flipar.

Lo cierto es que salirme de lo normativamente impuesto era algo que me rondaba bastante por la cabeza pero que jamás había propuesto ni mucho menos llevado a cabo en ninguna de mis anteriores relaciones. Sí que había sacado el tema a varios chicos en mi primera o segunda cita y se habían llevado las manos a la cabeza. Recuerdo una cita con un chico en la que, tras una larga charla sobre las relaciones de pareja, ambos llegamos a la conclusión de que ser feliz en una relación monógama y además mantener la llama encendida durante muchos años no es tarea fácil. Pues bien, en el momento en el que le pregunté sobre si se había planteado alguna vez la idea de tener una relación abierta, se puso muy nervioso, hasta el punto de sentirse incómodo, como si lo atormentasen sus demonios, y nunca más se atrevió a quedar conmigo.

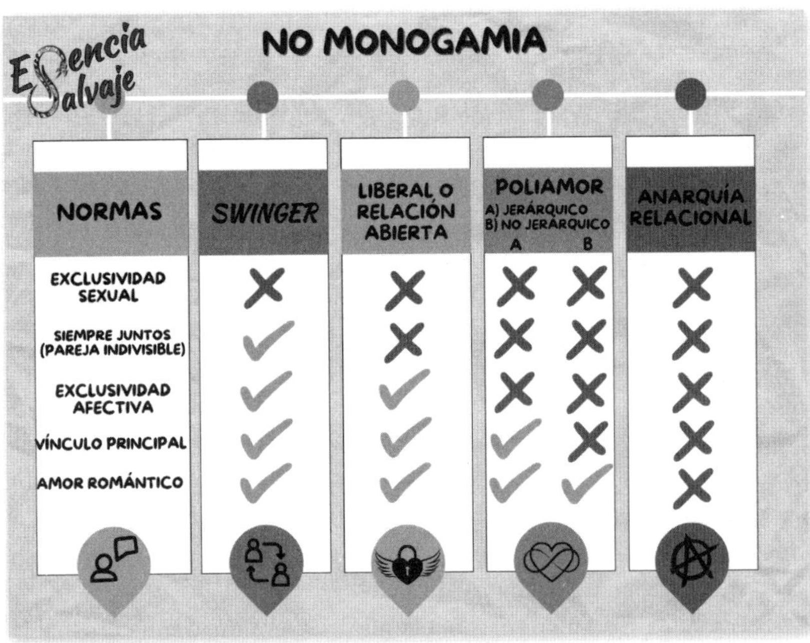

Había llegado a la conclusión de que, actualmente, la mayoría de las personas todavía no están preparadas a nivel psicológico para salir de la monogamia y llevar, por ejemplo, una relación abierta. El miedo, la inseguridad, el apego o la posesión desmesurada les pueden y no son capaces de gestionar sus emociones.

La verdad es que durante gran parte de mi vida me he sentido bastante incomprendida por intentar encajar en una sociedad en la que mis valores y mis principios desentonaban cada vez más. No obstante, jamás desistí y me mantuve fiel a mis ideales. Antes de conocer a Sergio tenía muy claro que me iba a quedar soltera toda la vida a menos que consiguiera una relación en la que me pudiera sentir libre, sin mentiras, sin ocultarnos nada, siendo 100 % transparentes el uno con el otro, pudiendo ambos disfrutar del sexo con otras personas siempre y cuando estuviéramos de acuerdo, sin que eso afectara a nuestro amor.

Y entonces apareció él, la persona que me cambió la vida por completo: Sergio. Desde el principio sentimos una conexión muy fuerte a nivel psicológico, físico y energético. Además, compartíamos la misma filosofía de vida, así que decidimos hacernos un tatuaje en la muñeca al mes de conocernos. Habíamos vivido experiencias tan intensas en tan poco tiempo que quisimos sellarlo en la piel para toda la vida, ya que fue un mes inolvidable lleno de aventuras y emociones.

Ese primer mes empezó tomando un café en una terracita en mi hora libre del trabajo. Aunque fue una cita rápida, Sergio tuvo suficiente para intentar besarme al despedirnos, pero mis habilidades de cobra se lo impidieron, ya que por aquel entonces no me nacía besarme en el primer encuentro, por mucha conexión que sintiera. Pero, como en el fondo me quedé con ganas de seguir conociéndolo, a los pocos días tuvimos una segunda cita que fue genial y acabamos en mi casa sin ropa en una tarde/noche de placer.

Creerás que a partir de ahí empezamos a ser pareja, pero, como ya he dicho antes, yo no quería una relación tradicional. Así que el siguiente fin de semana quedé con otro chico. El lunes le mandé un mensaje a Sergio para tener noticias suyas porque hacía días que no hablábamos. Como él ya supuso que yo estaba quedando con otros chicos, me explicó abiertamente que había estado en una fiesta con una amiga. No tardé mucho en adivinar que se trataba de una fiesta liberal.

Yo jamás había estado en un evento de este tipo, pero para mí era algo nuevo e intrigante que me llamaba muchísimo la atención, y ya había indagado un poquito mediante conversaciones con otras personas que sí habían estado. Incluso me habían propuesto asistir a algún club *swinger*, pero yo no acababa de encontrar a la persona adecuada y no descartaba la idea de ir sola algún día.

Sergio tenía un poco de miedo a perderme y por eso le costó al principio explicármelo de forma directa. Pero, como ya os he dicho, sentía muchísima curiosidad (y un poquito de morbo) por ese universo de fantasías y sensualidad tan misterioso. Así que le empecé a tirar de la lengua y tras una larga conversación de móvil acordamos ir juntos a la siguiente fiesta liberal. Además de que me gustaba y me atraía un montón, Sergio me transmitió muchísima confianza y seguridad, y eso fue determinante para decidirme a ir por primera vez con él.

A los pocos días tuvimos nuestra tercera cita, esta vez en la playa. Yo había sufrido una crisis muy fuerte de ansiedad en mi trabajo y me había ido unos días a meditar y reponer energías a mí apartamento en la Costa Dorada. Sergio se presentó allí con pintas de tipo duro al volante de su Harley, pero la verdad es que le costó lo suyo llegar porque se perdió varias veces por el camino. Ahora me río mucho al recordarlo, pero, sinceramente, aquel día me tocó bastante la moral porque tuve que esperarlo un buen rato y me moría de hambre.

Aquella tarde, una vez más, lo pasamos muy bien en la cama, poniendo en práctica todas las posturas habidas y por haber. Además, no se presentó a la cita con las manos vacías, me trajo un par de regalos muy especiales: una caja de juguetes *bondage* con la que jugamos aquel mismo día y un libro, *Amor líquido*, que horas más tarde propiciaría una conversación que nos cambiaría la vida por completo.

Después de un buen rato jugando y dándonos placer, salimos a dar una vuelta por el paseo marítimo de Cambrils, un bonito pueblo de la Costa Dorada, y buscamos un sitio para tomar algo. Nos sentamos en un chiringuito y seguimos conociéndonos más en profundidad. Sergio se acababa de divorciar tras una relación monógama de trece años. Los dos teníamos muchas ganas de decirle al otro que no queríamos el mismo tipo de relación del pasado y volver a cagarla... También sabíamos que eso podría traer consecuencias; en mi caso, pensaba que Sergio a la larga querría tener una relación igual que todas las que yo había tenido anteriormente, basada en la posesión, los celos y las inseguridades, así que estaba dispuesta a asumir el riesgo de perderlo. De hecho, así me había pasado ya con los tres últimos chicos que había conocido antes de que él apareciera en mi vida.

Por su parte, Sergio había hablado con un amigo suyo sobre mí y tenía muy claro que iba a ser directo conmigo, aunque existía el riesgo de perderme, del que su amigo le advertía constantemente. Porque ya sabes cómo funciona esto: cuando a alguien que estás empezando a conocer le dices que no quieres una relación monógama, lo más probable es que salga corriendo. ¿Y por qué lo hacen? Es muy sencillo: por miedo y baja autoestima, pero ese es un tema del que hablaremos más adelante.

Así que allí estábamos una tarde de junio, tomando unas cervezas y comiendo unas bravas para reponer fuerzas del polvazo que acabábamos de echar, cuando ¡llegó el momento de la verdad! Ambos queríamos ser sinceros con el otro y no estábamos dispuestos a dejar pasar más tiempo para soltar el bombazo, y así lo hicimos. Llevábamos un buen rato conversando, riendo, mirándonos a los ojos y embriagándonos mutuamente del buen recuerdo que tienes cuando estás bien follada; me acababa de dar cuenta de que había conocido a mi alma gemela en chico: alguien empático, que no teme exteriorizar sus sentimientos y que tiene la valentía de mostrarse tal cual es, a pesar de la vulnerabilidad que eso puede llegar a producir en uno mismo, pero que a la vez lo convertía en la persona más sexy, interesante y atractiva que había conocido nunca.

—Sergio, me ha gustado mucho el libro que me has regalado, mañana empiezo a leérmelo —le dije sonriente e intrigada por igual, ya que me moría de ganas de saber sus intenciones.

Estaba nerviosa, así que di un brinco en el sofá para reincorporarme y le pregunté:

—¿Y qué opinas sobre la monogamia?

—Sinceramente, me he criado siendo un niño Disney, ya sabes, el príncipe azul, la princesa… Lo típico, vaya, pero tras trece años en una relación, casarme y tener dos hijos, me he dado cuenta de que el «vivieron felices y comieron perdices» es eso, un cuento para niños.

—Ya… Sinceramente, mis relaciones nunca han llegado a buen puerto y nunca me he sentido identificada con esa idea de princesa Disney.

—La verdad es que yo ahora quiero vivir la vida de lunes a domingo. Me acabo de divorciar y tengo ganas de conocer a mucha gente y pasarlo bien. A largo plazo me veo viviendo solo con mis hijos y sin pareja, quiero estar soltero el resto de mi vida. Pero me encantas... Has roto un poco mis esquemas, la verdad —dijo pensativo.

—¿Y quién te dice a ti que no podemos pasarlo genial, conocer personas maravillosas y seguir quedando los dos? Esta conexión que sentimos no podemos dejarla escapar, pero estoy contigo en que una relación tradicional te corta las alas, seamos libres —añadí con entusiasmo.

—Mira, vamos a hacer un trato: vamos a seguir pasando tiempo de calidad juntos, queriéndonos un montón, pero teniendo claro que ni yo soy tuyo ni tú eres mía. No me gustaría llamarlo relación abierta, o *follamigos* porque nuestra conexión es muy bestia y yo realmente siento algo muy fuerte por ti. Así que dime: ¿qué somos?

—A mí tampoco me gustan las etiquetas, ¡tengamos una relación *salvaje*! —grité ilusionada y llena de pasión.

En aquel preciso momento sentí que me había quitado un gran peso de encima, ya que todas las relaciones que había tenido me ataban y oprimían. Sergio me transmitía amor y libertad por igual. Sé que puede parecer una banalidad, pero siempre me costaba mucho darle la mano o abrazar a un chico a pesar de llevar varios meses conociéndolo. Sin embargo, a raíz de aquella conversación, me sentí muy cómoda paseando con él por la playa, porque por fin podía ser yo misma, y sin darme cuenta le cogí de la mano mientras caminábamos.

—¿Tú no decías que no le dabas la mano ni abrazos a ningún chico? —me preguntó extrañado.

—Y así es, pero contigo es distinto —le dije mientras le achuchaba el brazo.

La idea inicial era que Sergio se quedara solo hasta después de cenar, ya que al día siguiente tenía su primer triatlón a 150 km de allí. Además, mis padres llegaban al día siguiente al apartamento y apenas sabían de su existencia. Pero la cena se alargó bastante, y el postre, y también lo que viene después. Cuando nos tumbamos en la cama a dormir, ya pasaban las doce de la noche, y Sergio tenía que madrugar a las seis para llegar a tiempo a la carrera, pero realmente aquella noche no dormimos nada. Pensarás que estuvimos toda la noche dale que te pego, y sí, tienes razón, también hubo de eso, ¡pero le estuvimos dando al pico siete horas! No paramos de hablar, que si de alimentación, estoicismo, *mindfulness*, no monogamia, fantasías sexuales, etc. ¡También me explicó su cambio físico superbestia en el que consiguió adelgazar casi 50 kg en tres años!

Uno de los temas que más disfrutamos compartiendo fue el de nuestras historias con otros chicos y chicas. ¡Sí, sí, como lo oyes! Nos pusimos al día de todas las personas con las que teníamos contacto por aquel entonces y de las futuras citas que íbamos a tener.

—¡Buf, Xavi es increíble en la cama, creo que fue el mejor polvo de mi vida! ¿Pero de verdad no te importa que siga quedando con él para follar?

—Mira, esto es lo que me importa que sigas acostándote con él —dijo Sergio mientras se bajaba el calzoncillo y me enseñaba su pequeñita polla dura y tiesa como un roble—. Me da morbo la idea de que tengas sexo con un chico con el que te llevas tan bien y te hace disfrutar tanto.

—Estoy flipando, ¡esto es un sueño hecho realidad! —exclamé yo superemocionada y excitada—. Bueno, va, ahora cuéntame tú cómo te va con las chicas que estás conociendo y, ya de paso, enséñame alguna foto de ellas, que tengo curiosidad por verlas…

En resumen, pasaban ya las siete de la mañana, mis padres llegaban en solo dos horas y no habíamos dormido NADA. Aprovechamos el poco tiempo que nos quedaba para dormir un poco sin antes tener nuestra última conversación caliente, donde pudimos reafirmar que la *no monogamia* estaba hecha para nosotros.

Forjamos lo que sería el inicio de una bonita relación de amor que se sale de lo establecido. Que hace caso a la esencia y al corazón y a la que le importa un pepino lo que hacen los demás y lo que opina la mayoría.

Podría parecer que esto es el final de la historia y que «fueron felices para siempre e hicieron mucho *friski friski*», pero... esto no había hecho más que empezar.

¡Teníamos claro que íbamos a tomar las riendas de nuestra vida y que eso supondría salir de nuestra zona de confort y trabajar nuestros miedos e inseguridades! Gracias a ello, viviríamos momentos inolvidables como la orgia en la piscina, la fiesta de San Juan más loca que puedas imaginarte o la noche secreta del castillo, entre otras muchas historias que iremos desgranando a lo largo de estas páginas. Pero vayamos por partes...

Capítulo 2
Desbloqueando fantasías...

Antes de asentar del todo nuestra relación, es decir, mientras seguíamos conociéndonos, Sergio me propuso hacer realidad una de sus fantasías.

Era sábado, y a Sergio lo habían invitado a una cata de cervezas artesanas en la terraza de un hotel de la Costa Brava. Además, me dijo que tenía una sorpresa para mí.

—Después de la cata de cerveza tengo una sorpresa preparada —dijo con un aire misterioso.

—¿Ah, sí? ¿Cuál? ¡Dame una pista!

—Todo a su tiempo, solo te digo que el día de hoy no lo olvidarás jamás —respondió con gran seguridad mientras se le escapaba una risilla malvada.

Lo cierto es que no mentía y aquel día ha quedado grabado en mi memoria, y también en la suya.

Ante un plan tan intrigante, no me lo pensé dos veces y fui con él. La mañana transcurrió entre risas, charlas y cervezas rodeados de un ambiente bastante selecto. Aunque las cervezas que nos dieron a degustar estaban increíblemente buenas, lo que más disfruté fueron las tapas de jamón y queso.

Cuando finalizó el evento y nos fuimos a comer a la playa, la intriga me estaba matando:

—Vaaa, suéltalo ya, ¿qué vamos a hacer esta tarde? —pregunté con impaciencia.

—Esta tarde tengo una cita con una chica que estoy conociendo y quiero que tú estés presente.

Sergio había quedado con una chica con la que llevaba varios días chateando y quería que yo estuviera muy cerca de ellos dos.

Antes de la cita pasamos por un *sex shop* para comprar el que sería nuestro tercer cómplice de aquella tarde tan caliente de verano. Cuando llegamos al coche no podía esperar más para probarlo. Entre mis manos tenía un suave y bonito huevo vibrador que elegimos en la tienda. Decidí dar un toque extra y picante a la cita, así que me lo introduje allí mismo. Le di el mando a Sergio mientras le susurraba al oído que aquel fin de semana iba a ser uno de los mejores de nuestras vidas…

Pues bien, llegamos al puerto de Premiá de Mar. Cuando bajamos del coche, Sergio me indicó la heladería dónde habían quedado y cada uno tiró hacia una dirección diferente para que su cita no nos viera juntos y evitar que sospechara lo más mínimo. La chica sabía que Sergio me estaba conociendo, lo que no se imaginaba es que yo iba a estar allí. Hice tiempo mirando algún escaparate y paseando por el puerto. Al ser fin de semana, había mucha gente de compras y tomando algo, así que me distraje viéndolos. Dejé pasar unos quince minutos y me dirigí hacia allí. Sabía que me los iba a encontrar sentados, hablando y conociéndose. Tan solo imaginarme la escena de Sergio, por quien estaba empezando a sentir algo tan fuerte, en una cita con otra chica que no era yo me daba muchísimo morbo.

Llegué a la terracita y los encontré enseguida. Estaban sentados en una mesa, se los veía muy sonrientes y la chica parecía un poco nerviosa; era la primera vez que se veían y… ¡definitivamente, se habían gustado! Busqué una mesa para sentarme bastante cerca de ellos (y sí, cuando me refiero a «cerca», hazte a la idea de que me senté en la mesa de al lado). Lo miré sutilmente a los ojos y le brillaban un montón, estaba eufórico. Ambos estábamos disfrutando un montón con la situación. Los escuchaba hablar, se los veía cómodos charlando.

—A ver, cuéntame más sobre ti, ¿cómo es eso de que bajaste 50 kg de peso en tan solo tres años? —le preguntó ella con tono de admiración.

En aquel momento hice un trabajo de introspección para comprobar cómo me sentía realmente a nivel emocional. Es decir, me estaba probando a mí misma. Por un lado, estaba presenciando en primera persona cómo el chico del cual me estaba enamorando ligaba con otra chica; y lo más alucinante de todo era que... ¡la situación me excitaba un montón! No te negaré que en mi interior sentía un ligero miedo a que Sergio se enamorara de ella, pero solo lo atractiva que me parecía la idea de que aquella chica le gustara y pudieran acabar en la cama juntos superaba con creces el temor a perderlo.

Para mí era una sensación totalmente nueva y me encantaba. Todas mis relaciones anteriores habían sido monógamas y años atrás esta situación hubiera sido impensable para ambos.

Por mi imaginación pasaban todo tipo de fantasías; me los imaginaba besándose e incluso acostándose y... uf, ¡descubrí que aquella idea me ponía un montón! Eso sí, si tal cosa sucedía, tenía claro que yo querría estar presente. No quería perderme ni un detalle. En aquel momento a Sergio se le escapó una de sus sonrisitas y empecé a notar una vibración entre mis piernas. Mi deseo se magnificó, vamos, que estaba en el paraíso. Mis bragas cada vez estaban más mojadas y en aquel momento recibí un mensaje en el teléfono: «Te espero en el coche».

—Disculpa, tengo que ir un momento a buscar una cosa al coche y enseguida vuelvo —le dijo Sergio a la chica, la cual se quedó un poco extrañada.

—Vaya, ¿va todo bien? —preguntó algo preocupada.

—Sí, todo bien. Lo único que mi ex está en el *parking* y tengo que darle una cosa de los niños. Vuelvo enseguida, guapa.

Cuando Sergio llegó al coche, yo ya estaba allí esperándolo. Nos besamos apasionadamente, sus labios me sabían mejor que nunca. Le bajé el pantalón a saco, no había tiempo que perder, y me senté encima de él. Fue breve, pero muy intenso; las ganas acumuladas, la continua vibración del juguete, el morbo de la situación... pocas veces he disfrutado tantísimo un polvo tan rápido. Lo que no sabía en aquel momento es que pocas horas después iba a acabar en mi primera orgía, y el placer y la excitación se multiplicarían por mil.

Para que la chica no sospechara que éramos pareja, volvimos a la terraza por separado y a diferentes tiempos. Como es lógico, ella estaba un poco molesta porque Sergio tardó bastante, incluso llegó a pensar que se había ido en mitad de la cita. Aunque a nosotros se nos hizo corto, en realidad habían pasado más de quince minutos. No obstante, supo redirigir la cita y acabaron besándose en la despedida.

Al acabar la cita volvimos al coche y allí me surgieron un montón de preguntas.

—¿Qué tal?, ¿qué te ha parecido la chica?, ¿te ha gustado? —le pregunté superintrigada.

—Buah, me ha caído muy bien. Es una chica inteligente y muy guapa —dijo él ilusionado.

«Muy guapa». Esas palabras se quedaron retumbando en mi cabeza como si me hubieran golpeado con un martillo de goma. Sí, lo reconozco, me jodió ¿Cómo que MUY guapa? ¿Le había parecido más guapa que yo? Ese pensamiento empezó a atormentarme como un monstruo en la oscuridad, uno que se apodera de ti y te convierte en tu peor versión. Ese monstruo se llama CELOS.

Tal vez creerás que ser liberal implica no sentir celos nunca o que si los sientes es porque no estás hecho para serlo, pero nada más lejos de la realidad. Sentir celos es totalmente natural, al igual que el resto de las emociones. No existen emociones buenas o malas, solamente hay algunas que son agradables y otras que no. Pero todas deben ser gestionadas por igual sin caer en dramatismos ni dejarnos llevar por la euforia. El caso de los celos es muy similar a la gestión del miedo; son emociones que podemos etiquetar como «desagradables» y que hacen saltar todas nuestras alarmas, ya sea por un motivo racional o uno irracional. Cuando me encuentro en esa tesitura, sigo estos sencillos pasos que me permiten encontrar un punto de equilibrio, apagar el incendio que hay en mi interior y volver a mi estado de calma y serenidad:

1. Saltan las alarmas, así que busco el foco del problema. En este caso concreto, me sentí atacada cuando Sergio dijo que le había parecido «muy guapa».
2. Una vez localizado el foco del incendio, intento determinar por qué se ha iniciado. La mayoría de las ocasiones me sucede por quererme poco y tener una autoestima baja. Esto hace que no me crea suficiente y dé por hecho que esa chica es más guapa e inteligente que yo.
3. Lo racionalizo e intento ver las cosas de forma objetiva. ¿Realmente esa chica es más guapa e inteligente que yo? ¿Estoy atendiendo a una realidad o es fruto de mis inseguridades? ¿Debería importarme tanto que en el fondo sea mejor que yo en algún aspecto? De todas formas, poniéndome en el peor de los casos y que esa chica sea, por ejemplo, más interesante que yo, eso no debe ser motivo suficiente como para que yo me deprima. Debo aceptar que no tengo que ser perfecta. Si Sergio realmente me quiere y es la persona indicada, por muchas citas que tenga seguirá eligiéndome a mí para pasar el resto de su vida.
4. Lo exteriorizo en busca de refuerzos/estímulos positivos: le pregunto a Sergio si sigue sintiendo por mí lo mismo que antes, si le parezco guapa e inteligente y si mis miedos son reales o no.

Con el tiempo, he aprendido que expresar mis miedos e inseguridades y compartirlos con alguien de confianza hace que me sienta mejor y pueda verlo todo desde otra perspectiva. De esta forma soy capaz de dejar que mis emociones fluyan y no se encapsulen en mi mente.

Desde que comenzó nuestra relación salvaje, tanto Sergio como yo nos hemos expuesto de forma voluntaria a sentir celos. Esto nos ha llevado en numerosas ocasiones a tener que realizar un gran trabajo de introspección y gestión emocional que ha aportado muchísimos beneficios a nuestro bienestar general. En mi caso, he aumentado considerablemente mi autoestima, he construido así una mayor seguridad en mí misma y me he visto capaz de gestionar mis emociones de una forma mucho más ágil y eficaz. Además, a nivel de pareja, nuestro grado de confianza y complicidad a día de hoy está a niveles estratosféricos. ¿Te imaginas la seguridad que me transmite saber que mi pareja ha tenido relaciones con muchísimas otras personas, que es completamente libre de irse con la que quiera y que, aun con todo ello, me elige a mí por encima de todas? En mi opinión, no existe un amor más puro que el que se mantiene en total libertad.

Volviendo a aquella cálida tarde de verano, tras las experiencias vividas, aquel día ya pasó a ser un recuerdo grabado a fuego en nuestra memoria, pero... ¡eso solo era la punta del *iceberg*!, ya que lo más fuerte del fin de semana todavía estaba por llegar.

Lo cierto es que ambos nos habíamos quedado con ganas de más mambo tras el breve *friski friski* que habíamos hecho en el coche. No queríamos volver a hacerlo allí otra vez rápido y corriendo, ahora queríamos ponerle la guinda al pastel. Varias semanas atrás el mejor amigo de Sergio le había comentado que en Barcelona existen hoteles con habitaciones diseñadas para follar. Para que te hagas una idea: *jacuzzi*, cama redonda, sofá tántrico, columpios, etc. Así que nos pusimos manos a la obra en busca de uno bien *chulo* para reservar aquella misma noche.

—¡Olga, mira este qué chulo! ¡Con *jacuzzi* y todo! —dijo Sergio, entusiasmado como un niño pequeño con una piruleta.

—¡Hala, qué bonito! ¡Resérvalo! —le contesté igual de emocionada que él.

—Hola, desearía reservar una *suite* para esta noche ¿Está todo lleno? Vaya, qué pena... —dijo Sergio mientras colgaba el teléfono.

Estuvimos llamando a varios hoteles de este estilo, todos llenos. Ya estábamos a punto de rendirnos cuando se me ocurrió una gran idea:

—¡Oye! ¿Y si vamos a un club *swinger*? Más o menos es lo mismo, ¿no? —pregunté con una sonrisa en la cara.

—Ostras, pues no es mala idea, en sí es lo mismo, pero con más gente, si no te importa que vean cómo lo hacemos. ¿Seguro que te sentirás cómoda? —razonó él, notablemente preocupado por mi bienestar.

—Uf, pues no sé qué decirte, sinceramente. Una parte de mí tiene muchísima curiosidad y la idea me excita mucho. Pero por otra parte me da miedo, ya que nunca me he desnudado en público y mucho menos he tenido sexo —dije entre emocionada y temerosa.

—Mira, hagamos una cosa: vamos, nos tomamos una copa, vemos el ambiente y, si no te sientes cómoda, nos marchamos al momento —dijo con voz serena y firme.

—¡Venga, hecho! Vamos a probarlo, ¡la vida está para vivir aventuras! —respondí con ilusión.

Capítulo 3
Mi primera orgía

Estábamos en el coche camino del club, pero aún era demasiado pronto. Faltaba más de una hora para que abrieran y tampoco queríamos llegar allí los primeros, así que hicimos una parada en la playa. Nos pedimos un mojito y un *gin-tonic* de fresa en un chiringuito, y buscamos un rincón íntimo para tumbarnos en la arena.

Me encantaba la idea de pasar una noche salvaje con Sergio y tener sexo con otras personas, pero a la vez había un tema que me rondaba por la cabeza, así que le solté un poco seria y preocupada:

—Sergio, deberíamos hablar sobre cuáles son nuestros límites sobre lo que queremos y no queremos hacer esta noche.

—Claro, mejor que lo dejemos claro ahora para evitar malentendidos —dijo con firmeza.

—Me encantaría que esta noche sea inolvidable y que hagamos todo lo que nos nazca hacer con otras personas —añadí muy ilusionada.

—Me parece bien, me gustaría saber si hay algo que te podría hacer daño o molestar — preguntó con interés.

—A ver, el hecho de verte con otras personas sé que me va a poner muchísimo, ¡de hecho, me muero de ganas! Porque en la cita de hoy lo he disfrutado muchísimo. Pero... hay algo que sí me molestaría mucho que hicieras —dije con tono serio.

—¿El qué? Ya sabes que me puedes decir lo que sea —dijo mientras seguíamos tumbados y me abrazaba.

—Para mí la salud es un pilar fundamental en mi vida, así que no quiero correr riesgos innecesarios ni contraer ninguna ETS. Por lo tanto, el uso de condón con otras personas lo considero sagrado.

—Pienso exactamente lo mismo. De hecho, yo también te lo quería decir —me cortó Sergio.

Para ponerte en contexto, has de saber que llevábamos días haciéndolo entre nosotros sin protección. Durante uno de nuestros encuentros sexuales, se salió el condón por accidente, y desde ese momento decidimos no usarlo más entre nosotros, ya que tenemos una edad en la que si me quedara embarazada no me importaría. Además, Sergio es padre y, si se diera el caso, le gustaría tener otro hijo.

La verdad es que sentí que me había quitado un peso muy grande de encima al ver que ambos estábamos de acuerdo en utilizar preservativo con otras personas. Más adelante supimos que a este tipo de acuerdo se lo llama «pacto de fluidos». Es muy común entre parejas estables no monógamas.

—Ya sabes que al principio fui muy tajante en usar preservativo entre nosotros, es algo que siempre me he tomado muy en serio —dijo Sergio de forma redundante.

—Sí, sí; de hecho, me sorprendió muy para bien cuando en nuestro primer polvo lo primero que hiciste al desnudarnos fue sacar preservativos de la cartera. No sabes con la de tíos que he estado que no querían ponérselo... —afirmé muy satisfecha—. ¿Y tú tienes algo que decirme antes de llegar a la fiesta? —le pregunté.

—Bueno, yo lo que quiero es, sobre todo, que estés cómoda y que ambos disfrutemos de la experiencia, así que no quiero que nos hagamos daño mutuamente. Por lo tanto, si en algún momento no estás a gusto y quieres marcharte de la fiesta o estamos haciendo algo que te causa malestar, te pido que me lo digas de inmediato y no te calles nada. Por ejemplo, si alguien se pasa de la raya o sientes celos al verme con otra persona, no tengas miedo de decírmelo, aunque eso «corte el *rollo*» —respondió.

La comunicación sincera con la pareja ayuda a evitar situaciones incómodas y posibles conflictos durante la interacción con otras personas. Hay que hablar sin pelos en la lengua de todo aquello que nos ronda por la cabeza. Pero, ojo, la comunicación es bidireccional, así que no solo se trata de hablar, también hay que escuchar de forma atenta, con empatía y sin juzgar a la otra persona.

Es muy fácil escuchar a tu pareja, pero es más difícil no caer en juicios de valor absurdos por culpa de nuestros propios sesgos y creencias limitantes. Por ejemplo, la primera vez que Sergio me dijo que le gustaba estar con chicos, mi reacción fue sentirme confusa por miedo a no saber si me iba a gustar verlo con una persona de su mismo sexo. Mis exnovios siempre habían sido muy machotes y heteros, un claro reflejo de la falta de confianza en sí mismos. La mayoría de los hombres que abogan por considerarse MUY heteros es porque creen que de esa forma transmiten una imagen más varonil y atractiva. Pero la realidad es que, cuando hay un trabajo de desarrollo personal de base, no necesitan presumir de lo machos que son para transmitir un alto grado de masculinidad sana.

Por lo tanto, me di cuenta de que me estaba dejando llevar por el tonto prejuicio que desgraciadamente todavía existe sobre el hecho de ver a dos hombres juntos darse placer. Me pregunté con total sinceridad si me gustaría verlo y descubrí que ¡por supuesto, me encantaría! A fin de cuentas, ¿qué más da si mi novio se da placer con otro hombre, si eso les hace disfrutar?

Por desgracia, vivimos en una sociedad donde dos mujeres manteniendo relaciones está muy bien visto y, sin embargo, cuando se trata de dos hombres, la cosa cambia. Y eso no es más que la homofobia que se lleva arrastrando desde hace demasiado tiempo.

Es más, ponte en situación: si ahora un hombre hetero al que respetas, ya sea tu pareja o tu padre, te dijera que le gusta acostarse con hombres, el sadomasoquismo o una práctica socialmente menos aceptada, ¿cómo te sentirías? ¿Crees que te daría igual o, de forma involuntaria y automática, emitirías un juicio contra esa persona? Pues ahí es donde entra en juego la autocrítica y la empatía.

Es gracioso porque frecuentemente nos encontramos con personas que se declaran *open-minded*, muy abiertas y sin prejuicios, pero cuando empiezas a rasgar la superficie descubres un montón de barreras mentales. Y no, yo no soy la excepción, también tengo mis sesgos con base en mi cultura y la educación que he recibido, los cuales voy poco a poco superando mediante la escucha activa de opiniones disruptivas y contrarias a mis anteriores creencias. Me encanta estar abierta a debatir y entender otros puntos de vista. De hecho, hay un verso de una de mis canciones preferidas que nos define muy bien a Sergio y a mí:

> Es como ¡BOOM! Y otra convicción salta por los aires, hay trozos de creencias por todas partes, que ya no me valen, trato de montarme unas nuevas juntando retales, para aferrarme a ellas, pero sin encariñarme.
>
> «No encajo», El Chojin

Está bien empaparte de otras culturas, críticas y opiniones, pero es importante saber generar la tuya propia con base en todo lo que has aprendido. Considero que lo fácil hoy en día es escuchar algo que nos suena medio bien y polarizarnos en un bando. Esa posición es de lo más cómoda, ya que solo tienes que dejarte llevar por la opinión de los demás sin tener que esforzarte en sacar tus propias conclusiones. Eso no va con nuestra filosofía de vida, ya que preferimos ser lo suficientemente autónomos como para generar nuestros propios principios y valores. No es nada fácil, pero créeme: te sientes tan libre que vale la pena.

Bueno, después de esta pequeña reflexión y volviendo a aquella noche tan mágica que te contaba al principio, una vez establecido nuestro acuerdo, lo sellamos con un gran beso bajo la luna y escuchando las olas del mar. Cómo es lógico, el beso fue a más, y Sergio, poco a poco, bajó sus labios por mi cuerpo, pasando por mis pechos, rozándome el ombligo y terminando en el clítoris. Pude sentir el *piercing* de su lengua y sus labios chupándome mientras me imaginaba lo que iba a pasar en el local unas horas más tarde. Placeres así no se olvidan.

Durante el camino hacia Barcelona, pusimos varias canciones en la radio del coche para irnos entonando más. Recuerdo que Sergio puso la canción «Animales», de Pereza. Jamás la había escuchado, pero tenía un ritmo muy bueno y, además, la letra era la hostia porque nos define a la perfección.

Aparcamos cerca y antes de salir me cambié el calzado. Era mi primera vez allí y quería sentirme guapa y deseada, así que me puse mis sandalias de tacón y nos dirigimos a la puerta. Cuando llegamos, había varias parejas y un grupo de chicos y chicas haciendo cola. Sentí un poco de vergüenza, pero tenía ganas de entrar y ver todo aquello. Mi cabeza se imaginaba muchas cosas calientes y se le pasaban un sinfín de imágenes relativas al interior del club. Tenía mucha curiosidad por saber si todo aquello que me habían contado era verdad o no. Nos pusimos a hablar con una pareja de nuestra edad que nos saludó muy sonriente. Parecían simpáticos y el chico hablaba bastante. Nos contaron que también era su primera vez y que además iban a casarse muy pronto.

Al final de la cola nos esperaba un *segurata* alto, muy musculoso, con la cabeza rapada y rasgos africanos. Vamos, un tío de esos que te dan entre respeto y seguridad. Pese a su imponente apariencia, nos abrió la puerta con una sonrisa y nos dio paso hacia el mostrador. A continuación, la chica del guardarropa nos hizo dejar nuestras cosas. Tuvimos que dejar el móvil en una bolsita, ya que está totalmente prohibido acceder con él a este tipo de clubs. Nos entregó una pulsera de goma a cada uno con el número de nuestras taquillas y nos preguntó si era la primera vez que veníamos. Le dijimos que sí y entonces nos saludó otro empleado, el cual se ofreció a enseñarnos todo el club.

Una gran cortina color burdeos separaba la recepción del interior del local. La luz era una mezcla tenue entre azul y violeta, y se escuchaba música de fondo entrelazada con alguna risa y tórridos gemidos. Junto a nosotros había una glamurosa escalera que conectaba con el piso superior. La subimos y nos dirigimos a la sala de las taquillas y las duchas, donde dejamos una mochila en la que llevábamos ropa de recambio, lubricante y una caja de condones. Después de darnos un achuchón en aquella sala, decidimos salir fuera a ver cómo estaba el ambiente.

Aquella noche había muchísima gente, más de la habitual, ya que se había celebrado el salón erótico de Barcelona y les habían proporcionado un descuento a los asistentes, por lo que muchas personas se habían animado a ir. Cuando me enteré de que la entrada salía mejor de precio si habías asistido previamente al salón erótico, me arrepentí un montón de no haber ido para conseguir el descuento. Cuando considero que algo tiene valor, no me importa pagarlo, pero no me gusta tirar el dinero.

A continuación, salimos a la terraza, donde había una bonita piscina rodeada de sofás y hamacas. Pude ver varias parejas teniendo relaciones y también grupos de gente por la zona de los sofás, algunos estaban hablando y otros mantenían sexo con varias personas a la vez. También fuimos a la zona de discoteca, donde había una DJ. Pasamos por otra zona más íntima del club donde había una barra con sillas para tomar algo y aprovechamos para pedirnos un Puerto de Indias con Coca-Cola Zero, muy propio de mí, y algo que le he *pegado* a Sergio.

Volviendo a la sala principal, justo debajo de la escalera glamurosa, encontramos otras escaleras, pero estas eran como cutres y estrechas, prácticamente tenías que agachar la cabeza para poder acceder a ellas. Decidimos bajar a ver que nos encontrábamos y llegamos a la mazmorra. Había una cruz en forma de equis en la pared, con dos correas para atar las manos y un columpio de cuero en el centro de la sala. En una esquina había una pareja follando y varias personas mirándolos alrededor. Tengo que decir que la situación era de lo más morbosa y a mí me empezó a sobrar la ropa. Además, vi cómo Sergio tenía el pantalón bastante abultado a la altura de la entrepierna. Subimos arriba y llegamos a una sala llena de camas, una al lado de la otra. Allí había muchísima gente. Me llamó la atención que hubiera más gente mirando y tocándose que manteniendo relaciones, ya que yo en aquella época era más de pasar a la acción. Sergio me susurró al oído si quería un masaje y nos dirigimos hacia la terraza. Al llegar, vimos una cabaña apartada de la piscina y abrimos la puerta. En el interior había una cama y era de lo más excitante. Entramos los dos y dejamos la puerta entreabierta expresamente. Además, también se podía ver todo el interior desde las ventanas.

Antes de ir al local, no tenía muy claro si me iba a sentir cómoda con toda aquella situación, pero tras pasearme por allí y ver cómo todo el mundo tenía relaciones sexuales con total naturalidad y el ambiente era de absoluto respeto, empecé a darme cuenta de que me sentía como pez en el agua. Así que en el interior de aquella cabaña me apeteció desnudarme y sentirme observada por los que miraban desde fuera. Me tumbé en la cama y poco a poco Sergio empezó a distribuir con sus manos el lubricante por mi espalda. Era un aceite dulce, con aroma a frambuesa. La situación cada vez era más excitante y yo cada vez me sentía más mojada: el olor, el lugar, el saber que me estaban mirando, las manos de Sergio recorriéndome el cuerpo... Me derretía. Sutilmente, noté como el masaje se acercaba a mis zonas íntimas y como los dedos se deslizaban dentro de mí. Para cuando me quise dar cuenta, Sergio estaba encima de mí mordiéndome el cuello como a mí tanto me gusta mientras me penetraba. Me dejé llevar por el placer, mientras mis pulsaciones y mi respiración cada vez se aceleraban más. Junto con ello, mis gemidos se intensificaron hasta que sentí un impulso eléctrico recorrer todo mi cuerpo y estallé en un orgasmo superintenso.

Cuando volví en mí, sentí entre mucha vergüenza y mucho morbo por haberme corrido delante de tanta gente. Aunque, si te soy sincera, el morbo superaba con creces la vergüenza. Por eso le dije a Sergio que quería seguir haciéndolo fuera de la cabaña donde nos pudiera ver más gente y, ¿por qué no?, tener relaciones con alguien más.

Seguramente quieres saber cómo fui capaz de dejarme llevar hasta esos niveles de éxtasis la primera vez, sabiendo que había mucha gente mirándonos y que además la situación y el contexto eran muy nuevos y diferentes para mí. Pues bien, todo tiene su explicación: para conseguir eso, la primera noche que pisé un club liberal tengo que reconocer que al principio vinieron a mi cabeza un sinfín de miedos y prejuicios sobre mi derecho a sentir placer como mujer. Desgraciadamente, a día de hoy todavía existe un gran peso que recae sobre la mujer y su placer, su cuerpo y su vida en general. Desde siempre, se ha visto con buenos ojos que la mujer proporcione placer al hombre y sea objeto de él, pero ¿dónde queda su propio disfrute? En el pasado, reconozco que, en varias ocasiones, cuando mejor me lo estaba pasando en mis relaciones sexuales, era inevitable que vinieran a mi cabeza frases despectivas hacia mí, como por ejemplo: «eres una fresca», «menuda guarra», «deberías casarte y formar una familia en vez de estar pendoneando por ahí» y frases por el estilo.

Recuerdo perfectamente que, cuando empezaba a tener relaciones sexuales tras acostarme con algún un chico y disfrutar un montón, volvía a mi casa triste y con un terrible sabor agridulce porque no paraban de venir a mi mente pensamientos intrusivos tales como: «si mis padres supieran lo que he hecho y lo que me han hecho hoy en la cama, se avergonzarían de mí», «no debería haber hecho esas cosas», «soy una guarra»... Y, ¿quieres saber qué era eso tan terrible que me atormentaba? Cosas de lo más naturales que todo el mundo hace, como felaciones, sexo anal, etc. Nada de lo que nadie debería avergonzarse en realidad.

A las mujeres se nos ha culpado y juzgado por un sinfín de temas: si te acuestas con un chico en la primera cita, eres una facilona; si esperas demasiado, una frígida; si te acuestas con muchos chicos, una fresca; si no lo haces con nadie, una monja de clausura... ¿Pues sabes qué te digo? Que con el tiempo aprendí una sabia lección: he de hacer lo que me plazca en todo momento, sin hacer daño a nadie y, por supuesto, ¡sin escuchar ni importarme la opinión de los demás! La gente envidiosa me va a criticar de todas formas. Y es por eso por lo que aquella noche quería ser yo en toda mi esencia y disfrutar de todo mi cuerpo y mi sexualidad sin ningún remordimiento. Así que me dejé fluir y permití que todos mis deseos y fantasías más ocultos afloraran a la superficie sin ponerme ningún límite mental ni mucho menos impuesto por la normativa social. Ya era hora de honrarme como mujer y permitirme disfrutar de todo mi cuerpo sin remordimientos.

Realmente, no se trata de lo que hago en la intimidad, sino de cómo me siento en todo momento. Merezco ser amada y respetada por mí misma de una forma incondicional, sin autocrítica ni juicio, y considero que honrar mi sexualidad femenina es un acto de amor hacia mi cuerpo, mi mente y mi espíritu que me aporta bienestar. Me siento merecedora de ese derecho que hace muchos años nos fue robado a las mujeres. Así que ya va siendo hora de que todas lo recuperemos.

Salimos de la cabaña con muy poca ropa, sudados y con ganas de más *mambo*. Dejamos nuestras cosas en uno de los sofás que había alrededor de la piscina y vimos un grupo de personas dándose mucho placer en medio de la piscina. Tan solo tuvimos que mirarnos a los ojos una milésima de segundo para saber que ambos queríamos estar allí, así que nos zambullimos en la piscina y empezamos a liarnos entre nosotros con mucha pasión. Yo volvía a estar superexcitada y Sergio todavía no había dejado de estarlo, así que sutilmente nos fuimos acercando al grupo. Había cinco chicos y cuatro chicas besándose, lamiéndose y haciéndolo entre ellos. Desde fuera, la imagen superaba con creces una peli porno, y yo no quería verla desde fuera, tenía claro que quería formar parte de la escena.

La verdad, no tenía mucha idea de lo que estábamos haciendo, simplemente me dejaba llevar y disfrutaba el momento, así que nos dirigimos hacia ellos. Cuando estábamos más cerca, pude apreciar como dos de ellos y una chica con el pelo castaño me miraron y sonrieron. La cosa pintaba bien, así que me acerqué al chico que más me había llamado la atención. Era alto, fuerte y moreno, tenía los ojos verdes y se notaba que se cuidaba (vamos, mi prototipo). En ese momento, él y la chica morena dejaron de tener relaciones y nos empezamos a besar. Sergio se lanzó a por la chica y también fue correspondido. En ese momento yo estaba en una nube de placer. La otra chica del grupo estaba siendo penetrada por el otro chico más bajito mientras le hacía una mamada a un yogurín rubio que estaba sentado en el borde de la piscina. Yo empecé a bajar mi mano por el torso de él hasta llegar a su miembro y se lo cogí bien fuerte. A la vez, Sergio empezó a masturbar a la chica con una mano mientras con la otra me daba placer a mí. La estampa era preciosa, digna de enmarcar. Nos estábamos estrenando por todo lo alto y además lo estábamos gozando un montón.

De repente, el chico colocó sus brazos al lado de mi cuerpo, me cogió y me giró con firmeza para ponerme de espaldas hacia él. Me recliné hacia adelante y apoyé mis manos en el borde de la piscina. Se puso un condón y empezó a penetrarme. El *yogurín* rubio salió del agua, se cambió el preservativo y se acercó hacia mi cara. Y sí, se la empecé a chupar también. Mientras tanto, la chica que le había hecho antes la mamada lo besaba frenéticamente, y él masturbaba a otra chica joven que, aunque parecía bastante tímida, daba mucho morbo, sinceramente. Vi cómo me miraba la chica tímida y tenía algo que me atraía un montón, definitivamente hubo química entre las dos. A continuación, entró en el agua y se dirigió hacia mí, comenzó a acariciarme los pechos mientras me daba unos mordisquitos por el cuello que me derritieron por dentro.

Yo lo veía todo delante de mis ojos y sentía que eso era el paraíso: once personas dándonos placer, sintiéndonos, tocándonos, lamiéndonos y penetrándonos, como si nos conociéramos desde siempre y todo estuviera perfectamente planeado. Todo fluía de forma natural; los jadeos y las respiraciones resonaban por todo el recinto y cada vez estábamos más calientes. Yo creo que el agua de la piscina subió como mínimo cuatro grados. Estuvimos así un buen rato, perdimos la noción del tiempo, hasta que de repente volví a la Tierra y me giré para localizar a Sergio. Tenía muchísimas ganas de ver cómo lo estaba haciendo con aquella chica. La verdad es que era un pibón también. Era bajita y bastante delgada, tenía el pelo castaño y los ojos marrones, y sus pechos eran pequeños, como le gustan a Sergio. Cuando los vi, me derretí por dentro. Sergio se movía en el agua a un ritmo bastante rápido muy cerca de ella y ambos tenían una cara de placer que *flipas*. Yo estaba a punto de llegar a mi siguiente orgasmo y gemía de placer.

Levanté la cabeza un momento y vi que alrededor de la piscina teníamos público mirando. Nos habíamos convertido en el *show* del club. Tenía ganas de besar a la chica que Sergio se estaba tirando, y además así podría verlos con mayor detalle, así que me acerqué a ellos y entonces todas mis alarmas saltaron. Recordé que habíamos dejado los preservativos en el sofá junto con la ropa, y que nos habíamos metido en la piscina prácticamente sin nada. Por lo tanto, ¡¿lo estaban haciendo sin condón?! ¡¿Se había saltado nuestro pacto de fluidos?!

Capítulo 4
Pactos de pareja

Señor, concédeme serenidad para aceptar todo aquello que no puedo cambiar, fortaleza para cambiar lo que soy capaz de cambiar y sabiduría para entender la diferencia.
Marco Aurelio

La dicotomía de control es un concepto de la filosofía estoica que consiste en saber discernir qué está bajo nuestro control y depende de nosotros, y qué está fuera de nuestro alcance y, por lo tanto, no depende de nosotros.

En resumen y de forma práctica: bajo mi control está el usar preservativo en mis relaciones sexuales, entablar pactos con mi pareja y respetar o no esos acuerdos. Todo eso depende única y exclusivamente de mí.

Por otra parte, si Sergio es sincero conmigo y respeta nuestros pactos o si utiliza protección en sus relaciones con terceras personas, eso depende única y exclusivamente de él.

Una vez definido qué está bajo mi control y qué no, puedo centrar mis energías y mis esfuerzos en aquello que realmente me es productivo, a la vez que dejo de atormentarme por todo aquello que está fuera de mi alcance, porque, total, si no puedo controlar los actos de Sergio, ¿qué gano yo haciéndome mala sangre o preocupándome por sus malas decisiones?

Pues bien, volviendo a la piscina: cuando intuí que Sergio había roto nuestro pacto de fluidos y se había expuesto con aquella chica, todo se me vino abajo en un microsegundo y me empecé a sentir muy mal. Estaba triste y decepcionada.

Pero enseguida vinieron a mi mente las palabras de Marco Aurelio y decidí no amargarme la experiencia por culpa de algo que estaba fuera de mi control. Así que simplemente actué según lo más razonable bajo la filosofía estoica: hacer aquello que sí dependía de mí.

Le dije a Sergio que me salía de la piscina, que se quedara si le apetecía, pero que yo no quería continuar. Mi cara reflejaba decepción. Fui a buscar mis cosas y salí de la terraza. Necesitaba cambiar de ambiente y estar un poco más tranquila antes de decirle a Sergio que lo nuestro se había terminado. Porque, igual que no se pueden controlar los actos de las otras personas, sí se puede controlar con quién te relacionas. Así que todo acto tiene sus consecuencias y, en este caso, yo lo tenía muy claro. Si no eres fiel a nuestros acuerdos, me estas siendo infiel a mí y, por lo tanto, hemos terminado.

Y te preguntarás: ¿infiel? Sí, INFIEL. La fidelidad no tiene nada que ver con la exclusividad sexual. Habitualmente, en nuestra sociedad se asocia este término con dar exclusividad sexual y sentimental a nuestra pareja, pero, si te paras a pensarlo, enseguida te das cuenta de que son cosas muy distintas. Ser fiel o leal a tu pareja no significa en absoluto no acostarte con el vecino. Puedes *tirarte* al vecino y al butanero y seguir siendo la pareja más fiel y leal de la tierra. Lo importante no son tus actos; lo que marca la diferencia son tus acuerdos. Una infidelidad es un engaño, una puñalada a la confianza de la otra persona. Pero, si desde un inicio esos pactos de mutuo acuerdo son, por ejemplo, «tenemos total libertad de acostarnos hasta con la de la limpieza», no existe ningún fraude o mentira al realizar dicha acción.

Sin embargo, Sergio acababa de dinamitar delante de mis narices nuestro bonito acuerdo. «Para mí, el uso de preservativo también es superimportante». Recordé sus palabras en mi cabeza mientras una lágrima se me deslizaba por la mejilla.

—Será mentiroso… —murmuré mientras me dirigía con paso firme hacia las taquillas.

Y entonces noté como alguien me tocaba el hombro:

—Olga, ¿estás bien? —Sí, era él, había salido de la piscina corriendo detrás de mí—. ¿Por qué te has ido así de la piscina? ¿Te han hecho algo que no querías o se han pasado de la raya? ¡Mira que voy y los reviento! —Estaba alterado y lo veía confuso.

—¿Ellos? Ellos me han hecho disfrutar muchísimo —«¡Pero qué morro tiene!», pensé indignada—. Aquí quien se ha pasado de la raya has sido tú, que te has pasado por el forro nuestro pacto de fluidos cuando has visto a esa morena —le reproché indignada—. Pero que, oye, me parece bien, eres libre de hacerlo sin condón con quién te dé la gana, es tu vida y tu salud. Pero conmigo ya no vas a tener más relaciones —dije con firmeza.

—Olga... mira —dijo él mientras alzaba el brazo y me enseñaba un condón usado en el interior de su puño—. He salido corriendo de la piscina detrás de ti y no me ha dado tiempo ni de tirarlo —dijo con voz serena, pero con expresión seria en la cara.

—¿De dónde lo has sacado? —Me quería morir.

—Me lo ha dado ella, en el borde de la piscina, justo donde estábamos follando. Tiene un bolsito con un montón, ve y compruébalo tú misma, si no me crees, puedes preguntárselo a ella directamente —dijo sin titubear.

—Entonces, ¿no has roto nuestro acuerdo? —Era una pregunta retórica, pues saltaba a la vista que decía la verdad.

Me sentí extremadamente feliz y aliviada, a la vez que culpable por haber dudado de él. Me abalancé sobre él para darle un abrazo, de esos tan fuertes que parece que quieras romper en dos a la otra persona, mientras le pedía perdón por el malentendido.

Una vez más, me quedó claro lo importante que es tener una buena comunicación con la pareja. Por una confusión absurda, habíamos estado a punto de enviarlo todo a la basura y, además, arruinar un día que estaba siendo maravilloso. Por suerte, todo quedó en una anécdota.

—Si sigues abrazándome así de fuerte, me vas a romper una costilla —me susurró Sergio al oído—. ¿Quieres que nos vayamos ya para casa? —me preguntó con voz serena.

—Pues la verdad es que me lo estaba pasando increíblemente bien, y no me gustaría irme ahora por este pequeño malentendido —le respondí.

—En ese caso… —se le escapó una sonrisita traviesa mientras decía eso— has sido una niña mala al dudar de mí y creo que te mereces un buen castigo —me susurró a la oreja mientras bajaba sus labios por mi cuello, me lo mordía y me agarraba el culo. Cómo sabe ponerme cachonda…

Me cogió de la mano y bajamos las escaleras elegantes y las no tan elegantes hasta llegar a la mazmorra. Me llevó hasta la cruz que había al fondo de la sala y, sin mediar palabra, me empujó contra ella y me ató las muñecas y los tobillos con las correas.

—Ahora te vas a quedar aquí castigada mientras yo me voy a jugar un ratito por ahí —me dijo con voz juguetona.

—¿En serio me vas a dejar ahora con las ganas y sin poder hacer nada? Suéltame una mano para que me pueda tocar, como mínimo.

Al principio pensaba que lo decía en broma, pero, mientras yo le pedía que me soltase, se dio la vuelta y se marchó por las escaleras.

Toda aquella situación me hizo sentir muy vulnerable, pero cada vez estaba más excitada. Estaba completamente desnuda en la cruz, abierta de piernas y totalmente atada, mirando hacia la entrada de la mazmorra, donde no paraba de entrar gente. Todos se me quedaban mirando, aunque algunos no solo miraban: muchos chicos se la sacaron para masturbarse frente a mí.

La mazmorra acabó siendo el lugar donde mejor me lo pasé aquella noche. Pero, antes de contarte lo que viví en la cruz, el potro y el columpio, te quiero explicar algo muy importante que ocurrió en aquel preciso instante, mientras las ceñidas correas me apretaban las muñecas y los tobillos y por mis pies descalzos subía el frío de suelo. Un pensamiento cruzó mi mente como una estrella fugaz:

«Menos mal que me he atrevido a venir».

El miedo es la emoción más importante que sentimos a lo largo de nuestra vida. ¿La más importante? Sí, sin duda. El miedo condiciona todo aquello que hacemos a lo largo de nuestra vida, dado que es un mecanismo vital de supervivencia que nos ayuda a protegernos, y es gracias a él que hemos podido sobrevivir y evolucionar como especie. Según la psicología, existen un total de seis emociones primarias:

El miedo puede generar rabia o tristeza e impedirnos sentir alegría. Es por ello por lo que mucha gente tilda erróneamente esta emoción de negativa. Lo cierto es que, sin miedo, muy probablemente ya estarías muerto. Por lo tanto, hay que entender que las emociones no son buenas ni malas, sino neutras. Ahora bien, lo que sí es bueno o malo es cómo se gestionan las emociones en cada situación; y, en el caso del miedo, hay que saber identificarlo correctamente. El miedo tiene otra característica especial: que sabe jugar muy bien a los disfraces y al escondite. Enmascara su verdadero rostro y te seduce sin que te des cuenta, precisamente por eso es difícil de identificar. Te pondré algunos ejemplos:

«Te quiero tanto que te quiero solo para mí, no hay **amor** más puro que el mío, por eso siento celos si te veo con otra persona».

«Como soy tu madre, quiero que seas muy **feliz** porque nadie te va a **amar** tanto como tu padre y como yo, por eso lo mejor es que no hagas eso».

«No dejo este puesto de trabajo porque es lo más **inteligente y estable**».

En el caso de la pareja, los celos y la desconfianza son la consecuencia del miedo a la pérdida y el miedo a la soledad. A cualquier persona celosa e insegura de sí misma le resulta mucho más sencillo privar a su pareja de que tenga relaciones o citas con otras personas que reconocer esos celos patológicos y ponerle remedio trabajando el apego y su autoestima.

El segundo ejemplo trata sobre los padres y los seres queridos. En muchas ocasiones, las personas enmascaran sus miedos asegurando que te lo dicen porque te quieren, cuando en realidad ese «consejo» que te limita está formulado desde el miedo a que te ocurra algo, no desde el amor. Se sienten más cómodos y seguros sabiendo que te has quedado en tu casa y no te has ido, ya que son incapaces de soltar el poder de control que su ego quiere ejercer.

Por supuesto, en el caso del trabajo, toda decisión conservadora no es más que una decisión tomada desde el miedo. No te quedas en ese trabajo porque te proporciona alegría, lo haces por miedo al cambio, a lo desconocido y a quedarte sin empleo.

Estos son solo algunos ejemplos muy evidentes, pero a lo largo de nuestro día a día tomamos cientos de decisiones condicionados por el miedo sin ser conscientes de ello. En realidad, es una gran paradoja porque nuestra mente miedica, como ya hemos dicho antes, solo lucha por su supervivencia y por mantenernos con vida. No quiere que realicemos acciones peligrosas ni que asumamos grandes retos, ya que eso nos podría lastimar. Sin embargo, las personas estamos hechas para salir de nuestra zona de confort, vivir desafíos y lograr metas. Tener un propósito y luchar por tus anhelos es lo que realmente da felicidad. De aquí la gran importancia de sumergirte en lo más profundo de tu esencia, escuchar tu corazón e impedir que el miedo frene tus sueños.

Para conseguir gestionar esta emoción, sigo unos sencillos pasos, como una receta de cocina:

1. Reconozco la emoción

Le quito la máscara al miedo y lo identifico, soy sincera conmigo misma y reconozco que estoy actuando desde el miedo.

2. Me doy permiso y experimento la emoción

Acepto la emoción y me permito experimentarla y sentirla. Cierro los ojos, respiro, siento el miedo en mi interior y trato de localizarlo físicamente en mi cuerpo. Normalmente, las emociones las sentimos en alguna zona del cuerpo físico (por ejemplo, en el caso del miedo, yo suelo sentir una leve presión en la sien).

3. La racionalizo

Desarrollo un pensamiento lógico en torno a la situación para determinar si este miedo me protege de una amenaza racional o irracional. Para ello, me pongo en la peor situación posible. ¿Qué es lo peor que me podría pasar? Al responder a esa pregunta de forma coherente, enseguida sé si me enfrento o no a un peligro real. Por ejemplo, si me pongo en las vías del metro, lo peor que puede pasar es que venga un tren y me mate. Por lo tanto, es un miedo racional, ya que me protege. Si salgo a dar una conferencia en un escenario, lo peor que puede pasar es que no lo haga bien y poco más, mi vida no está en juego, entonces se trata de un miedo irracional.

4. Creo un plan B

Una vez hemos determinado que se trata de un miedo irracional (si es racional, sal corriendo), trazamos un plan B por si se diera el peor de los casos. Por ejemplo, me da miedo ir al local por si no estoy cómoda y no disfruto la situación; por lo tanto, en caso de sentirme mal, cogeré mis cosas y me marcharé. Además, tengo a Sergio como punto de apoyo.

5. Vuelta a la calma

Una vez he escuchado mis emociones, las he localizado, he determinado si son racionales o no y he buscado una vía de escape por si se diera el peor de los casos, mi mente vuelve a la calma. Porque las emociones son como un niño pequeño: si el niño está llorando y no le haces caso, cada vez gritará más fuerte, hará más ruido y buscará que le prestes atención; pero, si te sientas junto a ese niño y lo escuchas, le preguntas qué le pasa, hablas con él y le ofreces una solución, el niño vuelve a la calma.

Aquella noche sentí miedo antes de ir al club, pero lo reconocí y lo acepté. Tenía muy claro que no iba a dejar que me frenase. Hacer algo con miedo es mil veces mejor que no hacerlo, así que allí estaba, atada en la cruz donde Sergio me había dejado, muriéndome de placer. Poco a poco, algunos de los chicos que se masturbaban frente a mí se fueron acercando. Me moría de ganas por tocarme, me volvía loca estar allí indefensa mientras aquellos chicos se masturbaban. Uno de ellos estaba a punto de correrse y me pidió si podía hacerlo sobre mi pierna, y le dije que sí. Otro chico preguntó si él podía hacerlo en la otra pierna, a lo que también acepté. Enseguida noté el calor del semen de ambos chorreando por mis muslos hasta llegar a mis pies. Sergio seguía sin aparecer y yo, cubierta de semen, ya no aguantaba más las ganas de follar.

—Tócame —le dije a uno de los chicos que se masturbaba—. Hazme disfrutar, no aguanto más este castigo. —Aún a día de hoy, me sorprende que le pidiera eso a un total desconocido.

No se lo pensó ni un segundo y se abalanzó sobre mí. Nos empezamos a besar y enseguida noté sus dedos penetrándome.

—¡Madre mía, estás empapada! —exclamó sorprendido.

—¿Llevas condones? —le pregunté sollozante.

No hizo falta decir nada más: me desató las piernas para que pudiera envolver con ellas su cuerpo, mientras me la metía. La tenía muy dura y mucho más grande que Sergio. Cada vez sentía más y más placer, no me lo podía creer, estaba a punto de llegar al orgasmo por penetración sin estimularme el clítoris. Volví a echar un vistazo a mi alrededor, había mucha gente mirándonos, y entonces me di cuenta: encima de la escalera estaba Sergio sentado, masturbándose mientras nos miraba. «¿Habrá estado ahí todo el rato? ¿Lo habrá visto todo?», pensé. Aún me puse más caliente, decidí dejarme ir y disfrutar de todo aquello y exploté en un orgasmo que jamás olvidaré, ya que fue la primera vez en mi vida que pude llegar tan solo con penetración. Casi a la misma vez, el chico también se corrió. Mis pies volvieron a tocar el suelo y le pedí que me desatara las manos de la cruz. Entonces Sergio se acercó:

—No la desates, ya me encargo yo —dijo con convicción.

—¡Sí, hombre! ¿No ha sido suficiente el castigo? —repliqué con una sonrisa en la cara, esperando más.

—¿Castigo? Yo te he visto muy feliz atada en esa cruz... Dejando bromas aparte, ¿quieres continuar con este juego los dos o prefieres que lo dejemos ya por hoy? —preguntó con un tono más serio.

Capítulo 5
Amor, respeto y libertad

Si algo nos caracteriza y nos enorgullece a las personas liberales es el respeto que tenemos por todos los demás. En los clubs, al igual que en la vida diaria, las personas nos respetamos por encima de todo, y un no es siempre un no. Durante todo el rato que estuve atada e indefensa en la cruz, nadie me puso un solo dedo encima sin pedirme primero permiso. En una fiesta liberal siempre eres tú quien decide hasta dónde llegas y en qué momento deseas parar. Pese a que a estas alturas he perdido ya la cuenta de todas las fiestas y clubs en donde he estado, jamás he hecho o me han hecho algo que no quisiera. Incluso alguna vez, por razones personales, he decidido terminar la fiesta en mitad de una interacción y nadie me ha puesto nunca ninguna objeción. Como, por ejemplo, cuando me salí de la piscina en mitad de un polvo con aquellos chicos; ninguno de ellos vino a pedirme explicaciones ni mucho menos a forzarme a continuar, y no ha sido la única vez en la que me he visto en una situación similar. Así que, si tienes en mente iniciarte o acudir a alguna fiesta liberal, recuerda esto: el respeto hacia los demás es inquebrantable.

Es más, todas las ocasiones en que alguien ha querido invadir mi espacio personal o violentarme se han producido en discotecas «normales» y en conciertos, pero nunca en clubs *swingers* y liberales. Recuerdo que en varias salidas con mis amigas hace unos años, cuando íbamos a tomar unas copas y a bailar, en más de una ocasión alguno que otro se me acercaba en exceso e incluso intentaron robarme un beso sin mi permiso. Por no decir la de veces que me tocaron el culo en contra de mi voluntad.

Hay algo que casi nunca he contado por vergüenza. Hace más de diez años, una madrugada volvía de fiesta con mis amigas y amigos. Iba sentada en el asiento de atrás del coche, al lado del que se supone era un amigo mío. Todos habíamos bebido más de la cuenta, en especial yo, que me notaba muy perjudicada para la hora que era. Mi supuesto amigo se dio cuenta y aprovechó la situación para meterme mano por debajo del vestido. Yo estaba medio dormida y no era capaz de reaccionar debido a la embriaguez del alcohol. Sin embargo, noté perfectamente cómo me metía los dedos y me masturbaba. Fue muy desagradable para mí y me sentí abusada sexualmente. Él jamás quiso sacar el tema ni lo hablamos, pero a partir de aquel día nuestra relación de amistad se terminó para siempre.

Afortunadamente, desde que voy a clubs *swingers*, puedo estar encadenada, completamente desnuda frente a decenas de personas, y me siento totalmente a salvo, ya que jamás nadie se plantearía hacerme algo sin mi consentimiento. Recuerdo una ocasión en la que estaba manteniendo relaciones con Sergio y otra chica, cuando se acercó un hombre a mirarnos. Mientras yo le hacía una felación a Sergio, la chica me acariciaba la espalda y me mordía el cuello, y justo entonces el hombre pasó su mano por mi pierna muy sutilmente. Yo se la retiré y le dije: «No». Enseguida se apartó y me pidió disculpas. Pasadas unas horas, coincidí con él por el local y me volvió a pedir perdón. Realmente no me pareció ninguna falta de respeto. Me había tocado la pierna en un lugar neutro para llamar la atención y tantear si yo quería hacer algo con él. Al obtener una respuesta negativa, la aceptó e incluso se disculpó. Por eso, en estos ambientes me siento más segura y libre.

Sinceramente, me gustó mucho que Sergio me preguntara si quería continuar jugando con él o si, por el contrario, ya quería irme para casa. Tenía muy claro que él se moría de ganas de seguir; y yo también, para qué nos vamos a engañar.

Mientras seguía con las manos atadas a la cruz, pude sentir como volvía a excitarme y me inundaba un deseo muy fuerte. Una idea muy loca vino a mi cabeza; en medio de la mazmorra había un columpio.

—¡Desátame! —le ordené con ímpetu, no podía esperar ni un segundo más—. Vamos al columpio, quiero que me folles delante de todos —le susurré al oído mientras miraba a un chico moreno y fuerte que no nos había quitado ojo durante todo el rato que llevábamos allí.

Esta vez tenía muchas ganas de volver a hacerlo con Sergio, pero aquel chico me atraía un montón, así que lo hice cómplice de nosotros. Enseguida se acercó y me sujetó el muslo para ayudarme a subir encima del columpio. Mientras sus delicadas manos me rozaban, Sergio empezó a tocarme el clítoris. De nuevo estaba húmeda, preparada para lo que iba a venir. De repente lo noté dentro y otro escalofrío de placer recorrió todo mi cuerpo. Mientras tanto, le desabroché el pantalón al chico moreno, agarré su miembro y empecé a masturbarlo. La tenía muy dura. De tamaño no era tan grande como la del chico de la cruz, pero me pareció más bonita. El chico nos acariciaba a ambos, a veces le agarraba el culo a Sergio y a continuación me tocaba los pechos.

Tengo que decir que el columpio es el lugar más cómodo donde he follado en toda mi vida. Te tumbas sobre un trozo de cuero sujeto por cadenas al techo, y los pies quedan colocados en unas agarraderas que te dejan completamente abierta de piernas; con el propio balanceo de las cadenas, prácticamente entra y sale sola. Estuvimos así veinte o treinta minutos, o quizá más, quien sabe, ya que perdimos la noción del tiempo.

El chico, extasiado de placer, acabó corriéndose con mi mano mientras soltaba un gemido muy fuerte. Cuando acabó, yo bajé del columpio y le propuse a Sergio buscar un sitio más íntimo donde poder estar los dos a solas. Sí, a estas alturas te estarás preguntando si Sergio no se había corrido todavía. Pues no, el muy cabrito no se corre hasta que le da la gana. Eso le permite jugar conmigo y muchas otras personas todo el rato que quiere.

Sergio practica tantra y taoísmo, y estas dos filosofías tienen muchas similitudes entre ellas. En el ámbito de la sexualidad, ambas muestran cómo separar el orgasmo de la eyaculación mediante la «elección eyaculatoria». Tal y como el propio nombre indica, significa tener la capacidad de elegir cuándo y cómo se corre el hombre. Erróneamente, tendemos a asociar orgasmo y eyaculación, cuando en realidad son cosas totalmente distintas que se pueden experimentar de forma independiente y mucho más placentera.

Para ello, se requiere de un alto grado de concentración, autoconocimiento y dominio de las emociones. Todos los profesionales que han psicoanalizado a Sergio coinciden en que tiene un nivel de inteligencia emocional muy superior a la media. Esto le permite controlar de forma muy precisa sus impulsos y deseos. Además, de forma activa realiza meditaciones y trabaja su desarrollo personal continuamente para potenciar sus capacidades y elevar su nivel de conciencia.

Y, de nuevo volviendo a aquella húmeda noche de verano, subimos las escaleras de la mazmorra en busca de un lugar más íntimo. Pero antes nos apetecía descansar un poco de tanto *folleteo*, así que nos dirigimos a la zona de discoteca a tomarnos una copa y disfrutar del ambiente. Frente a la pista de baile, una DJ muy guapa ponía reguetón y, al ritmo de la música, varias parejas bailaban y *perreaban*. Entre las parejas se podían distinguir varios grupos de amigos y amigas tomando algo y pasándoselo bien. Transmitían alegría y buen *rollo*, algo que valoro y me llama mucho la atención de la gente.

En la parte izquierda, justo delante de la zona de la DJ, había una gran jaula en la que jugaban dos parejas. Las chicas habían encerrado a sus chicos allí dentro y ellas, desde fuera, bailaban y se contorneaban de una forma muy sensual. Me quedé embobada viéndolas. Y debo reconocer que, aunque por aquella época me consideraba completamente heterosexual, estaba a pocos días de descubrir que tal vez no lo era; la estampa de las dos chicas tocándose y bailando me pareció de lo más *sexy*. Además, tenían unos cuerpos muy bonitos, por lo que no podía apartar la mirada de ellas. A continuación, empezaron a besarse delante de sus parejas, que seguían allí encerradas.

—Mira, Sergio… —le dije con un tono bastante picante, señalando a las dos mujeres.

—Ya lo sé, las he visto hace rato y me estaba poniendo malísimo.

—La próxima vez que vengamos te encerraré ahí también y jugaré con una chica desde fuera —le dije con voz pícara.

—¿Alguna vez te has liado con una chica? —me preguntó muy interesado.

—Bueno... lo típico que sales con tus amigas de fiesta, te lo estás pasando bien y te das algún pico. Incluso en alguna ocasión me he morreado con mi mejor amiga, la verdad es que besa muy bien —le expliqué con voz dulce.

—¿Estás segura de que eres cien por cien hetero? No sé, perdona que te lo diga, pero se te ha iluminado la cara cuando me lo contabas. Yo tengo mis dudas de que no te gusten las chicas. Por tu tono, ¿eh? —dijo con voz de *pillín.*

—Sí, sí. Tengo muy claro que solo me gustan los chicos, pero reconozco que las mujeres somos muy sensuales y siempre me han llamado mucho la atención los cuerpos de mujer, con sus curvas, su pelo largo, la piel tan suave... —dije mientras veía de nuevo a las dos mujeres y notaba que empezaba a excitarme otra vez.

—¡Vamos! Que te veo de aquí a nada liándote y llegando hasta el final con una chica —replicó él muy ilusionado.

—Que va, que va, como mucho un beso. No podría llegar a más con una mujer —le respondí intentando disimular que en el fondo no lo tenía tan claro.

Me quedé unos segundos pensativa. No era el mejor momento para reflexionar de forma profunda, pero una voz en mi interior me decía que no estaba siendo sincera conmigo misma. ¿Quizá como era algo nuevo para mí no me atrevía a dar el paso de estar con una chica? ¿Podía ser que en el fondo sí quisiera llegar hasta el final y tuviera miedo de ser bisexual?

Tras bailar un rato y conversar, fuimos a sentarnos en las hamacas de la piscina, donde volvimos a coincidir con la pareja que habíamos conocido en la entrada del local. Estuvimos un rato hablando con ellos y nos dijeron entre risitas que nos habían visto en la piscina dándolo todo con las otras chicas y chicos. Volví a sentir un poco de vergüenza, pero pensé por dentro: «¡Que me quiten lo *bailao*!». Sergio habló más con ellos, la verdad, yo estuve bastante desconectada de la conversación. Mi cabeza seguía en una nube reviviendo todas las escenas de las últimas horas y, la verdad, ¡me quería quedar allí!

Aquella pareja había ido en un plan más tranquilo. También era su primera vez y preferían mirar, tomar algo y darse algún achuchón entre ellos. Es igual de lícito ir solamente a mirar y no hacer nada como tener un montón de interacciones y sexo. Es lo bonito de estos sitios, que sientes total libertad de hacer o de no hacer por igual.

Nos despedimos de la parejita y fuimos a dar otra vuelta por el club. Subimos las escaleras y nos dirigimos a una sala bastante grande llena de camas juntas. Había bastante gente manteniendo relaciones sexuales, algunas parejas solas, otros en grandes grupos. También había muchísima gente mirando, algo que me volvió a extrañar, pero me pareció genial que hubiera tanta gente que prefiriera mirar a interactuar. A mí me había *puesto* un montón sentirme observada, así que era perfecto así.

Después de tanto exhibicionismo, queríamos terminar la noche en un lugar más íntimo, ya que, para ser mi primera vez, reconozco que todo lo que pasó aquella noche había sido muy fuerte. Además, había experimentado en muy poco tiempo sensaciones nunca vividas, así que seguimos buscando algo más tranquilo.

Mientras buscábamos un lugar donde estuviéramos cómodos, acabamos en un saloncito con una barra de bar frente a la que había unos taburetes. Había dos parejas conversando y tomando algo. Parecía que tanteaban un intercambio, o al menos esa fue la impresión que me dieron. Tendrían entre treinta y cinco y cuarenta años. Uno de ellos iba muy bien vestido, llevaba pantalón tejano y una camisa. Su complexión era fuerte y atlética. Tenía el pelo corto y bien peinado y, además, sus dientes blancos y relucientes brillaban pese a la luz tenue de la sala. Vamos, se notaba que era presumido y le gustaba cuidarse. El otro chico era más delgado, llevaba el pelo más desaliñado. «Seguro que este ya se ha pegado un buen revolcón», pensé.

Las mujeres iban vestidas con lencería muy *sexy* y bonita. Una vez más, los ojos se me iban mucho más hacia ellas, y es que me parecieron de lo más atractivas y sensuales. La chica rubia llevaba un corsé negro que le encajaba a la perfección y le hacía un escote precioso, aunque no tenía mucho pecho. Iba con unas medias tan finitas que apenas parecía que llevara. Su tanga minúsculo dejaba entrever un poquito de lo más íntimo de ella, y era de lo más morboso. La otra chica llevaba un *body* azul y negro. Cuando se levantó, no pude evitar mirar sus nalgas, ya que eran muy respingonas, se notaba que iba al *gym*. Además, llevaba taconazos, por lo que su cuerpo y sus piernas todavía quedaban más estilizados. Me fijé en que llevaba una pequeña cadena en el cuello con un candado y su pareja tenía una correa entre las manos. «Seguramente es sumisa», pensé, y otra vez un montón de fantasías pasaron por mi mente.

Sin darme cuenta una vez más, me sorprendí mirando excitada a mujeres. Incluso deseaba besarlas y tocar aquellos cuerpos tan bonitos. «Es por el lugar y la situación», pensé, autoconvenciéndome de mi heterosexualidad.

Vi que se levantaron de la barra con unas copas y se dirigieron a unos sofás. Allí se sentaron mezclándose entre ellos y pude ver cómo se reían, así que sí: tenía toda la pinta de que querían pasar a la acción.

Finalmente, encontramos una sala bastante pequeña, con luz tenue y amplios colchones muy cómodos forrados en cuero negro. En el interior de la sala había una pareja y nos pusimos bastante alejados de ellos. Empezamos a besarnos de nuevo y tumbé a Sergio sobre el frío cuero de un empujón un tanto brusco. Rápidamente subió la temperatura y me puse encima de él, coloqué mis manos en su cuello y apreté con todas mis fuerzas para cortarle la respiración. Me incliné y le susurré al oído: «Ahora soy yo la que manda», y empecé a cabalgarlo. Al igual que me gustaba sentirme indefensa y dominada, también me encantaba sentir que era yo la que tenía el control.

Mientras lo hacíamos, recordábamos todas los momentos vividos aquella noche y las personas que habíamos conocido. Tampoco podía evitar recordar a aquellas chicas tan sexis y lo atraída que me sentía por ellas. La sensación de placer se magnificaba un montón y, a la vez, ambos sentíamos que nuestros lazos como pareja eran más fuertes que nunca. Sentía que todavía lo quería más y, a la vez, quería seguir experimentando y viviendo un sinfín de aventuras con él. Tenía ganas de más, pero sobre todo tenía ganas de él. Los dos estallamos en un orgasmo increíble, fuerte y apasionado. Fue la guinda del pastel de aquella noche.

—Buah, ha sido una pasada… —dije mientras me tumbaba junto a Sergio sudada y satisfecha.

—Yo aún estoy en *shock*, ha sido la mejor noche de mi vida —añadió él mientras nos abrazábamos y besuqueábamos.

—Por cierto, ¿qué hora es ya? He perdido completamente la noción del tiempo, deben de ser las tres o las cuatro, ¿no? —pregunté intrigada.

—¡HOSTIAS, PEDRÍN! —dijo Sergio mientras se miraba la muñeca—. ¡Son las cinco y media!

Se me abrieron los ojos como platos al escucharlo.

¡Cuando vimos la hora que era, no podíamos creerlo! Fuimos corriendo a las taquillas a ducharnos y a recoger nuestras cosas para salir pitando de allí, ya que en menos de tres horas teníamos cita en Barcelona con una persona muy especial para nosotros: Carol…

Capítulo 6
Nuestro eneagrama

Se nos había hecho tardísimo, ya casi íbamos a ir de empalme a nuestra cita con Carol. Llegamos a casa de Sergio para tumbarnos un rato y, con suerte, dormir una hora.

La habitación de Sergio no podía ser más improvisada; tan solo hacía unos días que se había divorciado y había vuelto a casa de sus padres de forma temporal. Su intención era reformar un piso que un okupa le había destrozado e irse a vivir allí lo antes posible. Tras divorciarse, se había marchado de su piso, dejándoselo todo a su ex, ya que tenía dos niños pequeños y consideró que era lo mejor para ellos.

Cuando volvió a casa de sus padres, se encontró con que su habitación había sido reemplazada por un taller de costura, así que no le quedó más remedio que dormir en el sofá. La tarde antes de quedar para pasar el fin de semana juntos, me invitó a dormir en su casa para no tener que hacer tantas horas de carretera, ya que yo vivía a unos 70 km de Barcelona. Así que, para no dormir en el comedor, tuvo la genial idea de transformar la habitación llena de máquinas de coser de su madre en nuestro nidito de amor. Tengo que reconocer que la adaptación la hizo en tiempo récord: en menos de seis horas, vació el cuarto, consiguió un colchón (bastante cómodo, por cierto) y lo más alucinante de todo: puso una ventana para que aquello no pareciera un zulo claustrofóbico. En el pasado, Sergio había sido albañil, así que en un rato había hecho un agujero con un martillo eléctrico e instalado la ventana.

Reconozco que no pude dormir nada aquella madrugada. Cuando nos tumbamos en la cama, eran ya las siete de la mañana. Estaba tan excitada por todo lo que había vivido aquella noche que la cabeza me iba a mil por hora. Además, tenía muchas ganas de acudir a «la cita» con Carol y el corazón me daba un vuelco cada vez que lo recordaba. A las ocho y media sonó el despertador, Sergio se despertó y yo todavía no había pegado ojo. Nos levantamos de un brinco de la cama y fuimos directos a coger el coche rumbo a Barcelona de nuevo.

Por el camino paramos en una gasolinera a comprar un café y chicles para despejarnos. Cada vez que nos mirábamos a los ojos, sentíamos un montón de emociones difíciles de explicar con palabras. Éramos amigos, pareja, cómplices y confidentes. Aquella noche habíamos vivido cosas que jamás hubiéramos imaginado años atrás. Esos recuerdos quedarían grabados en nuestra memoria para siempre. Además, pese a que nos habíamos acostado con otras personas aquella noche, me sentía más conectada a Sergio que nunca. Lo quería un montón y aquel sentimiento cada vez iba a más.

Lo cierto es que considero que tenemos un concepto de amor bastante distorsionado. El contexto cultural, social y familiar nos inculca ya desde bien pequeñitos que, cuando tienes una relación sentimental con otra persona, ya no puedes querer o tener relaciones sexuales con nadie más. Desde mi punto de vista, lo único que provoca eso es que nos acabemos tratando como simples objetos de propiedad. Es decir, si tengo novio, es mío, me pertenece, y no es de nadie más. Eso hace que le robemos la libertad a la otra persona anteponiendo nuestros deseos egoístas de apego y posesión. Pero realmente el amor es infinito, lo abarca todo; puedes perfectamente amar a tu pareja y a más vínculos u ofrecerle exclusividad afectiva y limitarte solo al plano sexual con otras personas, es igual de lícito. Lo que quiero decir es que, por mucho que Sergio y yo nos queramos, eso no implica que nuestro afecto o deseo sexual se limite a nosotros dos exclusivamente.

Te voy a poner un ejemplo muy sencillo de por qué creo con toda convicción que podemos querer a más de dos personas. Yo tengo un padre y una madre, y a los dos los quiero mucho. Sin embargo, esto no significa que porque quiera mucho a mi padre dejo de querer a mi madre, ni viceversa. Lo mismo pasa con los hermanos, los hijos e incluso las amistades. Pues con las relaciones sentimentales es exactamente lo mismo. Las barreras del amor y las de cualquier otro sentimiento se forman con base en las creencias limitantes y en todo con lo que nos empapamos desde pequeñitos procedente del entorno en el que vivimos.

Está claro que tenemos que seguir un conjunto de leyes y normas para poder llevarnos bien en comunidad y sentir que encajamos en el grupo, pero ¿dónde queda el criterio propio, tus valores y principios que te forman como persona? Somos individuos únicos y excepcionales, así que, si logras trascender todas las capas de la superficie y llegas a escuchar tu esencia y tu corazón, verás que te liberas de un montón de miedos y prejuicios que no sirven para nada.

—¡Ya hemos llegado! —dijo Sergio, rompiendo mi empanada mental y mi reflexión sobre el concepto del amor.

—Vale, ahora le envío un wasap y le digo que ya estamos aquí —le comenté mientras sacaba el móvil del bolsillo—. Dice que ahora nos abre, es esa persiana azul de allí. —Señalé una persiana azul que había frente a nosotros con un grafiti precioso con olas del mar.

Poco a poco se levantó la persiana entre chirridos por la falta de aceite en las guías. Tras ella había una chica abriendo una puerta de cristal que daba acceso a un local. Era pelirroja y además *monísima*. Llevaba rastas y estaba llena de tatuajes. Sin duda, el que más me llamaba la atención era el que envolvía y decoraba su fino cuello: la cabeza de un gato egipcio. Está claro que tatuarse así es algo atrevido, aunque el tatuaje de su cara tampoco pasaba desapercibido, ya que en la sien llevaba grabado un bonito copo de nieve azul.

—Hostia, se parece un huevo a la protagonista del *Horizont Zero Dawn* —me susurró Sergio al oído. Sí, es un friki y todo le recuerda a videojuegos y manga. Incluso su hija lleva el nombre de la protagonista de una de sus sagas preferidas.

—Hola, Carol, ¿qué tal? ¡Cuánto tiempo! —la saludé mientras entraba al local y le daba dos besos.

—Muy bien. Pasa, que vuelvo a cerrar. En domingo, normalmente no abrimos, pero por ser tú hago una excepción, Olga —dijo amigablemente.

—Gracias, guapa, sé que todo ha sido muy precipitado, pero estábamos deseando hacernos este tatuaje —le dije emocionada.

Efectivamente, estábamos en un estudio de tatuaje. Carol era mi tatuadora habitual y hacía apenas unos días había contactado con ella para pedirle hora.

Apenas cuatro semanas después de conocer a Sergio, soñé que nos tatuábamos juntos. El sueño era un tanto abstracto (como suelen serlo, vaya). Aquel día Sergio había dormido en mi casa y cuando se despertó se lo conté:

—He soñado que nos tatuábamos juntos un reloj de arena y el número ocho formando a su vez un infinito —le susurré al oído mientras nos abrazábamos tumbados en mi cama.

—¿Un reloj de arena? Lo del ocho lo entiendo, pero lo del reloj no —me comentó con curiosidad.

—Creo que el tiempo que tenemos para vivir y compartir es limitado, todo tiene un principio y un final. Para mí, el reloj de arena representa la fugacidad del momento y cómo debemos aprovechar nuestra arena antes de que caiga el último grano y nuestro tiempo haya terminado —le dije mientras le acariciaba el pecho.

—Qué profundo... —dijo pensativo—. Mira, Olga, te voy a proponer una locura. Solo hace cuatro semanas que nos conocemos, pero la conexión que nos ha unido ha sido arrolladora. No sé si en breve nuestros caminos se separarán o si nuestra amistad será para siempre, pero, sin ninguna duda, para mí, lo que he vivido contigo estos días ha sido tan fuerte y tan intenso que jamás en la vida podré olvidarte. Por lo tanto, ¿qué te parece si hacemos realidad tu sueño y nos hacemos ese tatuaje en la muñeca? —propuso emocionado.

—¿Me estás *vacilando*? ¿Cómo sabías que era en la muñeca? —No podía creer lo que acababa de oír; en mi sueño nos tatuábamos en la muñeca, pero eso yo no se lo había dicho.

—Pues ni idea, me he imaginado el tatuaje mientras me lo contabas y mi mente ha visualizado la muñeca —respondió.

—Otra vez queda claro que tenemos una conexión muy potente que nos une cada día más. Además, no podría estar más de acuerdo con todo lo que has dicho, así que venga, que no se hable más, ahora mismo le envío un wasap a mi tatuadora, yo tampoco quiero olvidarte jamás —dije llena de ilusión y dejándome llevar por la emoción del momento.

El diseño lo decidimos en un par de tardes. Le dijimos a Carol cuál era nuestra idea: queríamos un símbolo de infinito y el número ocho simbolizando un reloj de arena que inmortalizara todo lo vivido y, a la vez, nos recordara que nada dura eternamente y que muy probablemente nuestros caminos se separarían algún día, quedando todos aquellos recuerdos y aventuras en lo más profundo de nuestro corazón de forma infinita.

Así que aquella misma semana le mandamos un boceto rápido a Carol; la parte del reloj quedó bastante simplificada porque queríamos que fuera algo fino y el reloj suponía introducir demasiados detalles en el dibujo. En cuestión de horas nos había enviado un diseño precioso que nos encantó, y no dudé en pedirle hora lo antes posible. ¡Me moría de ganas de hacérmelo!

Seguramente te estarás preguntando por qué esa obsesión con el ocho Y no, no es una fecha ni algo banal: es un número con un enorme trasfondo para mí.

Hubo una época de mi vida en la que toqué fondo muy bestia, tanto a nivel de pareja como personal y profesional. Me había ido a vivir a Tallín (Estonia), ya que mi pareja de aquel entonces estaba sacándose un doctorado y además trabajaba en la universidad de allí. Como soy bastante inquieta y además tengo una actitud muy emprendedora, no me quería ir con una mano delante y otra detrás, así que decidí crear allí mi propio negocio. No obstante, en aquel momento yo carecía del autoconocimiento y la gestión emocional que tengo ahora, lo cual me acabó pasando una terrible factura. Además, mi ex tampoco tenía muchas herramientas emocionales y no sabía entenderme ni propiciar una relación bonita y sana. Se podría decir que viví lo que se conoce como una relación tóxica.

El negocio fracasó por un problema logístico con la empresa de transporte, pues importaba comida desde España a Estonia y los camiones «nevera» no respetaron las condiciones de temperatura necesaria. Por eso, cuando la comida ya estaba en las tiendas, tuvimos que retirarla de inmediato, ya que se había estropeado. Además, mi ex me culpaba de todo y me machacó psicológicamente hasta que un día me rompí por completo.

Fue la peor relación que he tenido con alguien y, viéndolo ahora con perspectiva, debería haber roto mucho antes con él. El problema de las relaciones tóxicas es que, aunque desde fuera se ve todo muy claro, la realidad es que sufrirlas es todo un tormento. En muchas ocasiones yo era consciente de que debía acabar con todo aquello, pero mi ex no me lo ponía nada fácil. Recuerdo que intenté dejar la relación en varias ocasiones, pero él siempre me convencía para volver. Se esforzaba en decirme que todo se iba a solucionar y que iba a cambiar su actitud hacia mí.

Nuestro mayor problema fue que los dos nos quisimos un montón, pero nos quisimos fatal y, además, no supimos demostrarlo. A mí, en especial, me costaba mucho mostrarle mis sentimientos (de hecho, es algo que a día de hoy aún me cuesta hacer) y eso hacía que él pensara que no lo quería e incluso que lo estaba engañando. Pese a que le intentaba explicar que yo era una persona muy insegura y con un montón de miedos, él me veía como alguien muy fuerte y dominante, lo cual propiciaba que él se sintiera inferior y tuviera mucho miedo a perderme. Por eso se convirtió en una persona muy celosa, controladora y posesiva. Prácticamente no me dejaba hacer nada, ni salir con mis amigas. Se encelaba si iba con ellas, le molestaba que me pusiera una falda... ¡incluso me hizo cerrar mi cuenta de Instagram!

La cosa se fue tan de madre que nos convertimos en dos personas que siempre estaban discutiendo y a la defensiva. Cada vez que él sentía miedo a perderme, resaltaba todos mis fallos, errores y carencias, y me echaba un montón de cosas en cara. Entonces todavía me sentía más pequeña e insegura, lo cual yo misma enmascaraba con una fachada de rabia y odio para no mostrarle mis inseguridades. Y así la bola se fue haciendo más grande hasta que llegamos a un punto de infelicidad muy bestia.

Un día, tras una fuerte discusión exploté y la mente se me desconectó. Mi cuerpo dijo basta: la sensibilidad de mis manos y pies y prácticamente todo mi cuerpo se alteró por completo y comencé a tener una serie de sensaciones muy desagradables que se alargaron durante años.

Pasé unos meses horribles, mi cuerpo me dio un susto muy muy grande y a partir de ahí no me quedó más remedio que cambiar todo lo que me estaba destruyendo. Cuando estaba en lo más hondo, pude darme cuenta de que existía algo en mí interior que me decía que si aprendía a hacer las cosas de otra manera, con más conocimiento y con más herramientas, hallaría otra manera de vivir la vida y otra forma de relacionarme conmigo misma y con el mundo. Así que empecé a empaparme de las enseñanzas de grandes sabios y divulgadores que se dedican a ayudar a las personas y hacer un mundo mejor, como por ejemplo Joe Dispenza, Borja Vilaseca, Mario Alonso Puig, Marcos Vázquez, Pedro Vivar y muchos más. Leí un montón de libros, escuché cientos de podcast, asistí a cursos, talleres y conferencias y me formé en eneagrama.

El eneagrama fue algo que me llamó muchísimo la atención, ya que lo utilicé para conocerme en profundidad y entender cuál era mi herida de la infancia y cómo funciona mi ego. También me ayudó a entender mejor al resto de las personas según su eneatipo. De esa forma pude indagar en cómo me estaba relacionando con el mundo y cómo interpretar y gestionar todo lo que me sucedía con los demás.

El eneagrama es un sistema de clasificación de nueve tipos de personalidades llamadas arquetipos o eneatipos. Cada número, que va del uno al nueve, describe las características principales de cada individuo. También define patrones de pensamiento y de comportamiento, así como rasgos, virtudes, defectos y, en general, para que te hagas una idea, tendencias psicológicas. Vendría a ser como el horóscopo, pero con la diferencia de que el eneagrama está respaldado por estudios psicológicos y no consiste en algo místico.

En definitiva, te muestra cómo es cada persona según el grado de desarrollo en el que se encuentra, es decir, su mejor o peor versión. Una persona despierta, con un grado de consciencia bastante elevado y en paz consigo misma, se acerca a un patrón de comportamiento sano y equilibrado. Por otro lado, una persona poco trabajada tiende a descentrarse con mayor facilidad, dejando que su ego tome el control en la mayoría de las facetas de su vida.

Como te decía, hay nueve tipos de personalidad llamados eneatipos, que son los siguientes:

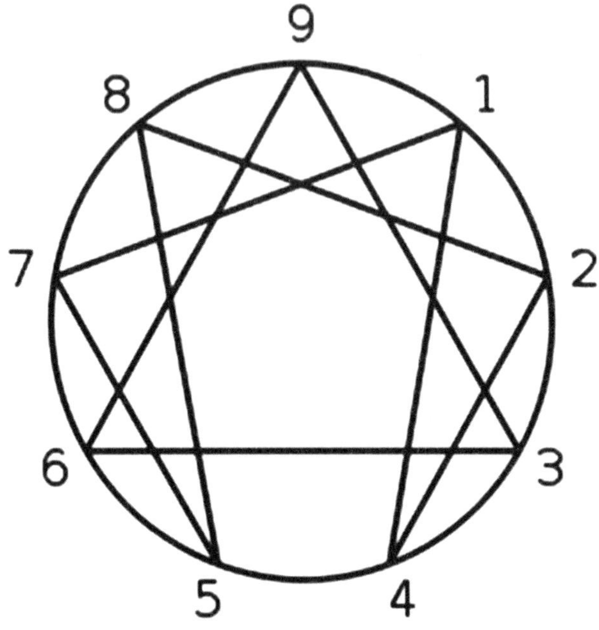

1- El iracundo, corrector, reformador o perfeccionista
2- El ayudador, orgulloso o auxiliador
3- El triunfador, exitoso, vanidoso o ganador
4- El individualista, sensible, sufriente o introspectivo
5- El investigador u observador
6- El leal, dudoso o inseguro
7- El entusiasta o aventurero
8- El líder, desafiador, dominante o controlador
9- El pacificador o evasor de conflictos

Cuando me formé en eneagrama y descubrí el mío, pude ser capaz de comprender muchas cosas sobre mí misma. Sentí una especie de liberación y también comprendí por qué no habían funcionado mis relaciones pasadas y qué tenía que hacer para no cometer los mismos errores y poder relacionarme de una forma sana y consciente con otras personas en el futuro, tanto parejas como vínculos, amistades e incluso familia.

Finalmente descubrí que yo soy muy ocho. Los ochos somos personas que aparentamos mucha dureza, autoconfianza, control y dominación. Pero se trata de eso, de una apariencia; una coraza de firmeza y dureza que protege el interior blandito y tierno del ocho. Nos mueve el sentimiento de justicia y somos muy dados a proteger a los nuestros a capa y espada.

En mi caso, por aquella época estaba bastante descentrada. Es decir, como estaba pasando por una época de mucho estrés, desequilibrio y ansiedad y había tocado fondo, me encontraba bastante desconectada de mi esencia. Me dejaba llevar mucho por mi ego y, además, faltaba claridad y amor en todo lo que hacía. Vamos, que estaba en el lado oscuro, en el descentramiento más bestia que te puedas imaginar. Por eso, solo me mostraba al mundo y me relacionaba desde mi peor versión y me sentía vulnerable y muy frágil. Lo único que quería era esconderme en mi caparazón y no salir.

A los ocho muy descentrados nos gusta refugiarnos en nuestra cueva, nos aislamos del mundo y no queremos relacionarnos con los demás. Pues en ese punto más o menos estaba yo cuando conocí a Sergio. Así que, como podrás imaginar, ¡le costó lo suyo ganarse mi confianza!

Pero asombrosamente así fue, porque tan solo un mes después de conocernos ya habíamos vivido decenas de aventuras y experiencias inolvidables que nos habían marcado tanto que decidimos hacernos un tatuaje juntos. Además, cuando tuvimos esa idea, todavía no habíamos empezado a visitar clubs liberales ni *swingers*.

Lo cierto es que llevaba meses muriéndome de ganas de conocer a un ocho. Después de muchas decepciones amorosas y de muchas citas fallidas, había llegado a la conclusión de que los siete me encantan porque son el alma de la fiesta y son muy alegres y bromistas, pero los que había conocido estaban demasiado descentrados y vivían por y para la fiesta. Eso a la larga es incompatible conmigo a la hora de llevar una relación seria y estable. También había conocido a algún uno, demasiado perfeccionistas y exigentes... ¡Los dos descentrados eran superplastas y no me dejaban respirar! Y qué decir de los cinco, a veces cuando los pinchaba parecía que no tenían sangre, eran muy fríos cuando se cabreaban, nunca daban el paso de llevar a cabo sus proyectos y procrastinaban una y otra vez, cosa que me desesperaba. Así que tenía claro que mi siguiente compañero de aventuras, y quién sabe si también pareja en un futuro, tenía que ser un ocho como yo.

Centré todas mis energías en conocerlo y, al poco tiempo de desearlo, apareció Sergio, un ocho en toda regla. Desde nuestra primera cita pude apreciar su carácter dominante y ambicioso. Poseía un alto grado de autocrítica y por ello era muy exigente consigo mismo. Como en aquella época yo tenía muchas citas, a cada chico le ponía un mote, y a él lo apodé «el emprendedor». Solo necesité unas horas para saber que por fin había aparecido mi querido ocho, al cual tenía muchísimas ganas de seguir conociendo. Como quería estar segura, le enseñé el eneagrama para que se hiciera un test y así confirmar mis sospechas. Efectivamente, salió un ocho.

¡Y ahora viene la parte más *hot* del eneagrama! Te preguntarás cómo somos los ocho en la cama... Somos puro fuego, pasión, lujuria y desenfreno. Somos muy pasionales y lo damos todo. El ocho vive bajo una coraza, por lo que necesita que todo sea muy intenso para que eso llegue a mover algo dentro de su armadura. ¿Sabes esas personas que necesitan escuchar la música a todo volumen porque, de lo contrario, no las estimula? Pues eso es propio de los ocho. Y sí... eso se extrapola al sexo. Echar un *polvete* con una estrellita de mar no es suficiente, los ocho necesitamos arrancar o que nos arranquen la camisa, morder, azotar, gemir... Todo debe ser intenso y apasionado.

Cuando nos descentramos, tendemos a mostrarnos muy dominantes y autoritarios. Sin embargo, cuando estamos más tranquilos y en paz con el mundo, somos superempáticos y extremadamente tiernos, nos preocupamos mucho por el placer del otro y nos encanta innovar, ya que la creatividad es lo nuestro. Y... ¿te imaginas lo que ocurre cuando dos ocho se juntan en la cama?

Por eso el ocho es tan importante para nosotros.

Me senté en la silla y Carol empezó a pinchar mi piel. Quise ser la primera, no podía esperar ni un minuto más, estaba cagada a la vez que extasiada. Por suerte, no sé si a raíz de lo que me ocurrió con el tacto, soporto muy bien el dolor, así que la aguja prácticamente me hacía cosquillas.

—¿Y cuánto hace que sois novios? —preguntó Carol mientras tatuaba mi fina muñeca izquierda.

—No somos novios —respondí mientras se me escapaba una risilla.

—Aaah, como os vais a tatuar lo mismo, pensaba que erais pareja —se excusó un poco sofocada.

—No tenemos etiquetas, hace poco más de un mes que nos conocemos —aclaró Sergio.

—¡¿Qué?! —exclamó sorprendida—. A ver, de primeras sorprende, pero es verdad que para crear una conexión fuerte con alguien no hace falta mucho tiempo. A veces aparece alguien en el camino que en cuestión de minutos te cambia la vida para siempre. Y se crea una conexión brutal, como si lo conocieras de toda la vida —añadió Carol con tono dulce y un brillo especial en la mirada.

Le empezamos a explicar cómo nos había unido tanto el hecho de hablar de filosofía, psicología, emprendimiento y eneagrama. Nos sorprendió mucho cuando nos dijo que era eneatipo uno y que a ella también le fascinaban todos esos temas. Con ella también entablamos una conexión increíble en solo unas horas. Y desde entonces nos morimos de ganas de hacernos otro tatuaje solo por volver a conversar con ella. Por desgracia, al poco de tatuarnos, Carol se mudó a la otra punta de España.

Diseño final del tatuaje

De vuelta a casa, a descansar por fin después de tantas emociones, me saltó una notificación en el móvil que iba a cambiarlo todo:

«Tienes un nuevo *match*».

Capítulo 7
Mi novio la tiene pequeña

A la mañana siguiente de tatuarnos empecé a hablar con el chico del *match*. Por fotos parecía guapísimo y las conversaciones con él eran muy interesantes. Trabajaba como entrenador personal, igual que Sergio, y le apasionaba el mundo de la salud, lo cual le hacía ganar muchos puntos. Así que no tardé en pedirle una cita. Odio los chats interminables, a mí me gusta conocer a la gente en persona y no alargar las conversaciones a través de la pantalla.

Sergio y yo habíamos empezado a trabajar juntos; yo como nutricionista y él como entrenador personal, hacíamos el *pack* perfecto, así que pasábamos muchísimas horas juntos. Entre descanso y descanso le expliqué que estaba conociendo a un chico. De hecho, tardé nada y menos en enseñarle fotos suyas e incluso algún fragmento de la conversación que habíamos tenido. Cuando acabó nuestra jornada de trabajo, Sergio me acompañó hasta el lugar de la cita.

Nos despedimos con un beso y me deseó lo mejor. Justo dos calles más abajo había quedado con el chico para tomar algo en una cafetería.

—¡Hola! Eres Olga, ¿verdad? —me saludó un chico alto, de complexión atlética—. Encantado, soy Marc —se presentó mientras me daba dos besos.

Me quedé embobada con sus ojos; eran verdes esmeralda y le brillaban un montón. Sí, tengo un fetiche con los ojos verdes. La cafetería tenía una decoración muy bonita y ambos nos pedimos un té verde sin azúcar. Empezamos a hablar sobre nutrición y deporte, un tema que me vuelve loca. Al parecer, el chico se cuidaba, y le gustaba llevar buenos hábitos de salud, cosa que valoro muchísimo a la hora de conocer a una persona. También me contó que hacía pocos días se había mudado de Francia a España y que allí había tenido su empresa. «Otro emprendedor», pensé. Cada vez me gustaba más aquel chico.

Cuando acabamos nuestro té, le propuse ir a dar un paseo; llevábamos más de una hora sentados y tenía ganas de estirar las piernas. Definitivamente, era muy alto, debía de medir más de 1,90, y yo no soy especialmente alta. Caminamos por el paseo marítimo mientras veíamos el atardecer de aquella bonita tarde de verano.

Me habló de sus antiguas experiencias afectivas y de lo que buscaba en sus futuras relaciones. Parecía que tenía interés en seguir conociéndome y que yo también le había causado una muy buena impresión. Me acompañó hasta el coche y nos despedimos con un beso de película, de esos que parece no se van a acabar nunca y te dejan sin aliento. Normalmente nunca besaba a un chico en la primera cita, pero tras romper mis barreras mentales, gracias a la relación que estaba creando con Sergio, me di cuenta de que, cuando no besaba a un chico que me gustaba en la primera cita (como cuando *le hice la cobra* a Sergio), no era por falta de ganas, sino porque socialmente me habían inculcado que besar a un chico en la primera cita estaba mal o no era lo más acertado. Conforme empecé a ser más fiel a mi corazón, pude liberarme de aquellas viejas cadenas que me condicionaban sin darme cuenta.

Me sentía eufórica de la conexión tan bestia que había experimentado con Marc, así que de camino a mi casa llamé a Sergio para explicárselo. Me encantó la sensación de haber tenido una cita de diez y además poder tener la confianza y la complicidad suficiente como para contarle a mi pareja con todo lujo de detalles cómo había ido y cómo me había sentido. Sí, después del tatuaje, la experiencia en el local *swinger*, trabajar codo con codo y vivir mil cosas juntos, empezaba a considerar a Sergio algo más que un amigo… En mi cabeza ya había pasado a ser mi pareja, aunque no habíamos puesto ninguna etiqueta. Fue otra sensación nueva y superexcitante para mí. Además, a diferencia de otras parejas, con Sergio no me sentía juzgada ni oprimida, podía ser yo en toda mi esencia.

La segunda cita que tuve con Marc también salió genial y, una vez más, acabamos viendo el atardecer, pero esta vez en la orilla de una playa muy tranquila y bonita en la Costa Brava. Nos gustábamos un montón y la química y la conexión eran más que evidentes, así que tuvimos sexo allí mismo. Marc se había traído una toalla grande para poder tumbarnos cómodamente sobre la arena y unas velitas para hacerlo todo muy romántico. Nos aseguramos de que no hubiera nadie cerca y nos empezamos a besar. Yo llevaba puesta una falda blanca de volantes; mientras me besaba, me quitó las braguitas y empezó a tocarme. Llevé mis manos a su bragueta y le bajé el pantalón. La tenía dura y le pedí que me penetrase. Mientras lo hacía con él, pensé en Sergio varias veces. Acordarme de él me hacía sentir todavía más excitación y deseo y me di cuenta de que todo aquel cúmulo de experiencias nuevas que estaba experimentando me encantaba. Estaba viviendo en un sueño del que no parecía que me fuera a despertar. Sentía que quería a Sergio un montón, los lazos que se habían creado y la conexión tan profunda con él eran evidentes. Además, estaba allí en la playa, haciendo *friski friski* con un pibón de tío y me lo estaba pasando genial.

¡Cuando acabamos me moría de ganas de ver a Sergio y contárselo todo! Así que me despedí de Marc, que un poco más y pierde el tren, y me fui volando a una fiesta en casa del mejor amigo de Sergio para verlo inmediatamente y darle todos los detalles.

Cuando llegué, algunos amigos ya sabían que yo venía de una cita porque Sergio se lo había explicado y la verdad es que me sorprendió que no me importara en absoluto que supieran que había estado intimando con otro chico. Durante toda mi vida había sido una persona a quien le preocupaba en exceso la opinión de los demás y que anteponía agradar continuamente al resto a su propia felicidad. Por fin, aprendí a soltar lastre y a ser más libre escuchando mi esencia. Hacer lo que realmente me pedía el cuerpo y el corazón independientemente de la opinión externa me sentaba genial; y, oye, ¡yo quería más! Me sentía de lujo, así que no me dio vergüenza actuar con total naturalidad delante de ellos.

—¡Guau! Qué pasada de chico. Me ha encantado el rato que hemos pasado juntos. Es un tipo de persona con la que conecto a casi todos los niveles, ¡vamos, que me encanta! —le dije a Sergio supermotivada y pletórica.

—¡Qué bien, cariño, me alegro un montón por ti! Solo espero que te siga tratando bien si quedáis y que lo disfrutes un montón —dijo mientras me abrazaba y me daba un beso en los labios.

—¡Por supuesto que lo haré! Me encantaría seguir conociéndolo. Como ya sabes, no suelo conectar tan bien con nadie, tú fuiste una excepción. Y parece que Marc va en tu misma línea, aunque tengo que conocerlo más para asegurarme —le respondí, contenta y orgullosa de mí misma, mientras recordaba el pedazo de cita que había tenido hacía justo unas horas.

—Vale, preciosa, pero… no te olvidarás de mí, ¿no? —preguntó un poco más serio y cabizbajo.

—Uy, no sé, no sé… ¡Creo que te ha salido buena competencia! —le repliqué riéndome bien fuerte y achuchándolo.

En aquel momento Sergio iba a decirme algo, pero justo entonces un amigo suyo nos interrumpió y la cosa se quedó ahí. De hecho, no le di más importancia a la conversación que habíamos tenido, ya que seguía en mi nube. No obstante, Sergio sí le dio importancia, pues no entendió que mi última respuesta había sido completamente en broma y para nada tenía intención de dejarlo por aquel chico. De todas formas, reconozco que fue una cagada decirle eso, los sentimientos son muy delicados y hay cosas sobre las que bromear puede ser un grave error. Además, se juntó que hacía muy poquito que nos conocíamos y no se había forjado la confianza suficiente. En el fondo, había algo de verdad en aquella broma, el chico me gustaba muchísimo y me había dicho que él quería una relación monógama. Por lo tanto, yo era consciente de que para seguir conociendo a Marc tendría que cortar con Sergio, pero era algo que no tenía intención de hacer. Por eso quise quitarle hierro al asunto con aquella broma.

Con el tiempo aprendí que lo mejor es ser 100 % sincera en estas situaciones. Ahora, cuando estoy conociendo a alguien y creo que me estoy enamorando de verdad, ya no trato de ocultarlo, porque aprendí que la comunicación sincera es la clave para no volver a cometer los errores que me llevaron a romper con Sergio poco después. Pero no adelantemos acontecimientos.

Existe una enorme diferencia entre lo que se dice y lo que se entiende. Cada persona hace una interpretación distinta de la realidad. Aquí es donde entra en juego la capacidad asertiva y la empatía de cada persona. Pero no solamente a la hora de ponerte en la piel del otro, me refiero a que para evitar malentendidos hay que conocer el máximo de detalles posibles de cómo vive y desde dónde siente la otra persona (en este caso, Sergio). También debes conocer cómo va a interpretar tus palabras y si el mensaje que quieres transmitir le llega de la forma correcta. En definitiva, debes saber cuál es su manera de ver y relacionarse con el mundo para comprenderlo en profundidad y poder comunicarte mejor.

Aquella noche, cuando llegamos a mi piso a las tantas, le confesé a Sergio que, pese a que Marc me encantaba y lo había pasado muy bien en las dos citas, el sexo con él había dejado bastante que desear.

—¿Por eso has dicho antes que conectabas con él en CASI todo? —preguntó Sergio con curiosidad.

—Sí... Es que se ha corrido muy muy rápido —dije con un tono de decepción.

—¿Pero te has ido con él?, ¿has llegado al orgasmo? —me preguntó con aire de intriga.

—¿Yo? Qué va, para nada. Cuando se ha corrido, ha dado el polvo por terminado porque he fingido un orgasmo. He visto que él no podía aguantar más y no he querido que se sintiera mal —dije resignada, aunque no era la primera vez que me pasaba.

—Vaya... Me sabe mal, pensaba que habías disfrutado un montón —contestó Sergio mientras me abrazaba.

—A ver, una cosa no quita la otra. Me lo he pasado muy bien en mi cita. El chico ha sido muy atento conmigo y además nos hemos reído un montón, pero a la hora de la verdad el pobre no ha dado la talla. De todas formas, no se lo tengo en cuenta porque el polvo, aunque haya sido muy corto, me ha gustado por la situación. Lástima que me he quedado a medias —dije mientras me reía y lo miraba con ojos pícaros.

—Oye... me estoy poniendo un montón imaginándoos allí en la playa. ¿Qué tal si te ayudo a que le pongas punto y final? —me preguntó mientras empezaba a besarme en el cuello.

—Me parece una excelente idea. Tengo muchas ganas de acabar, y qué mejor que irme contigo —le respondí excitada mientras me senté encima de él y empecé a besarlo hasta que nuestros cuerpos se fundieron en uno.

Mientras lo hacía con Sergio, recordaba todas las imágenes del polvo que había echado en mi cita hacía tan solo unas horas. La combinación de aquel recuerdo con lo que estaba viviendo con Sergio era brutal y alcancé un orgasmo extraordinario.

Muchos hombres con los que he estado (que no son pocos) han tenido problemas de erección o se han corrido demasiado rápido. La mayoría de ellos se dejan dominar por sus inseguridades y el miedo a no estar a la altura, lo cual hace que su cabeza les juegue una mala pasada.

A día de hoy también hay muchos hombres acomplejados por el tamaño o la forma de su pene, lo cual les dificulta disfrutar de su sexualidad porque creen que no van a poder darle placer a sus parejas, o lo que es peor: creen que se van a reír de ellos. ¡Y nada más lejos de la realidad! Realmente, para la gran mayoría de las mujeres, el tamaño del miembro no es tan importante como se piensa. De hecho, disfruto muchísimo más con una *picha* pequeñita si existe buena conexión y complicidad.

Y créeme, sé de lo que hablo, porque Sergio la tiene pequeña, bastante pequeña. Sin embargo, es la persona que más me ha hecho disfrutar en la cama hasta la fecha, y mira que he estado con chicos que la tenían enorme, rollo actor porno, porque también me gustan grandes, me da morbo, pero no es determinante a la hora de recibir placer.

Además, me parecen mucho más excitantes los preliminares que el simple «mete-saca». La diferencia entre un buen polvo y uno de mierda son los juegos, los besos, los lametones, un buen masaje, etc. En definitiva, tener un alto grado de complicidad. Por eso siempre digo que, si alguien es torpe en la cama, no comprende mis gustos o no hay conexión suficiente, ya la puede tener enorme, ¡que yo salgo corriendo!

Tendemos a vincular la sexualidad tan solo con la penetración, es decir, con el mero hecho de *meterla*. Sin embargo, Sergio y yo sabemos que es mucho más que eso. La sexualidad es vida, amor, creación... En definitiva, es fuente de creatividad y forma parte de la esencia más profunda de cada individuo, de su identidad. Cada persona es un mundo en la cama. El concepto que cada uno forja sobre sexualidad es muy subjetivo y depende de las vivencias personales, así como de sus creencias. También depende de la sociedad y la cultura donde cada uno se haya criado.

Existe una relación directa entre sexualidad y salud. Según el grado de madurez, desarrollo personal y gestión emocional de cada uno, se expresará de una forma más libre o más reprimida.

Nuestra sexualidad engloba el sexo, el erotismo, el placer, la identidad de género, la orientación sexual, la intimidad, el apego, los vínculos afectivos, el amor y la reproducción, y se interrelaciona de tal manera con la personalidad que se expresa en todo lo que somos y hacemos.

De hecho, siempre hemos creído que la mayoría de las mujeres, por un tema genético y hormonal, somos mucho más emocionales y sensitivas que los hombres y que nuestra sexualidad va mucho más allá de la simple penetración. Por lo general, para conseguir relaciones sexuales lo máximo de placenteras necesitamos un contacto previo y generar unos vínculos. Hasta aquí bien, ¿no? Pues me gustaría dar mi punto de vista más sincero sobre esto: las mujeres, por norma general, no somos más emocionales y sensitivas que los hombres. Y es que en ocasiones podemos llegar a ser mucho más analíticas y racionales que ellos, ya que antes de tener un encuentro o iniciar una relación con un hombre solemos tener en cuenta muchísimos más aspectos que ellos, como el grado de confianza que nos transmiten, su actitud, su sentido del humor, su físico, inteligencia emocional, su grado de desarrollo, su capacidad económica, el estatus social, etc.

Veámoslo con un ejemplo:

Así suelen pensar las mujeres

—Me gusta ese chico.
—¿Por qué?
—Porque es atento, es inteligente, tiene dotes de líder.

Otro ejemplo:

—Me he comprado este coche.
—¿Por qué?
—Porque tiene el maletero grande, gasta poca gasolina, es fácil de aparcar...

Pero esto no significa que una mujer no pueda disfrutar de un encuentro esporádico en plan «aquí te pillo, aquí te mato», aunque generalmente las mujeres vivimos nuestra sexualidad de forma plena cuando somos capaces de recibir y expresar amor, vínculo e intimidad. En cambio, los hombres tienden a vivir la sexualidad como puro sexo físico, son mucho más visuales y se excitan más rápido en el momento del *friski friski*. Podríamos decir que en este sentido los hombres suelen regirse por las emociones y los sentimientos, no por el razonamiento. Por ejemplo:

Así suelen pensar los hombres

—Me gusta esa tía.
—¿Por qué?
—Porque está buena.

Otro ejemplo:

—Me he comprado este coche.
—¿Por qué?
—Porque mola mucho.

Sin embargo, no significa que los hombres no razonen y que TODO lo hagan por una razón meramente emocional o sentimental, pero sí que es un factor que de base predomina mucho más.

Como en todo, existen muchísimos matices, y que las mujeres seamos más o menos emocionales que los hombres es un tema bastante abstracto que también viene influenciado por el entorno, el tipo de sociedad y la cultura en la que nos hemos criado y vivimos.

Como no soy nada partidaria de poner etiquetas ni encasillar a ningún género, me gustaría explicarte que, personalmente, empecé a ser feliz cuando dejó de importarme la opinión de los demás y aprendí a expresar sin ningún pudor mis gustos y preferencias. Por ejemplo, yo al principio sentía vergüenza en mis encuentros sexuales cuando quería tocarme el clítoris. Pensaba que el chico me iba a tachar de «rara» por no poder alcanzar el orgasmo de forma vaginal, cosa que nos ocurre a la mayoría de las mujeres, ya que los últimos estudios apuntan a que más del 75 % de las mujeres somos clitorianas. Además, ¿qué más da si el porcentaje fuera más bajo? Cada persona es única y especial y es totalmente lícito disfrutar del sexo de diferente forma entre nosotros. Lo más importante es que se cree un vínculo de confianza y comunicación sincera entre la pareja. Debe ser un ambiente seguro, donde ambos nos sintamos abiertos a explicar todo lo que nos excita y nos da placer sin miedo a ser juzgados.

Por lo tanto, si la tienes pequeña, si te corres rápido o si no se te levanta, tranquilo, respira y no pierdas los papeles, que aún puedes ganar el partido. Utiliza todos tus recursos y, sobre todo, descubre qué es lo que más placer le da a la persona que tienes delante, pues tal vez te sorprendas al descubrir que se acordará más de ti si, por ejemplo, le haces un masaje y sexo oral de escándalo que si se la metes un rato.

A la mañana siguiente de mi cita con Marc, noté que Sergio estaba un poco raro y distante.

—¿Te pasa algo? —le pregunté extrañada.

—Bueno, eso que me dijiste ayer de «te ha salido buena competencia» cuando te pregunté si me ibas a dejar por Marc no me sentó nada bien, la verdad —dijo en tono serio mientras me apartaba la mirada.

—Hostia, que fue una broma, cari. —Sí, nos empezamos a llamar «cari» por una broma y al final nos acabamos llamando así constantemente.

—Pues a mí no me hizo mucha gracia, la verdad —replicó enfurruñado.

—Perdóname, era solo una broma, te lo juro, no tengo absolutamente ninguna intención de sustituirte por nadie. Claro que Marc me gusta, pero eso no cambia absolutamente nada entre tú y yo —le expliqué preocupada al darme cuenta de que había metido la pata.

—Me parece superguay que tengas amigos o incluso algo más y que te lo pases muy bien con ellos. Pero eso no significa que no me importes o que me dé igual perderte. Yo te amo y quiero pasar mi vida contigo, sin exclusividad sexual y quién sabe si quizás también afectiva, pero no quiero que nada nos separe nunca —dijo conmovido.

—Yo también siento lo mismo por ti, así que puedes estar tranquilo, porque siempre vamos a estar juntos. Después de conocer a cientos de chicos a lo largo de mi vida, jamás había sentido esta conexión tan fuerte y arrolladora que siento por ti —le confesé mientras lo abrazaba.

Tras un largo y apasionado beso, continué:

—Yo tampoco quiero que me cambies por otra, me da igual cuántas otras chicas haya en tu vida, pero quiero saber que yo siempre seré la más importante para ti —le dije con el corazón en la mano.

—Sabes que es mutuo, siento lo mismo —asintió mientras nos mirábamos a los ojos.

Sin saberlo, acabábamos de establecer las bases de lo que se conoce en no monogamia cómo una «relación de poliamor jerárquico». Nosotros aún no estábamos en ese punto. Pero así es como se empezó a formar.

Tuve un par de citas más con Marc y, cuanto más lo conocía, menos me gustaba. Me di cuenta de que la imagen inicial que se había formado en mi cabeza sobre él se iba desmontando poco a poco. En las primeras citas me había vendido una versión de sí mismo poco realista.

Pude darme cuenta de que estaba lleno de mil inseguridades y, además, le preocupaba mucho su físico y su estética, hasta el punto de que, para estar muy definido, llegaba a comprometer su salud al alcanzar porcentajes de grasa corporal por debajo de lo recomendable. Y lo que era todavía peor: utilizaba esteroides. Cada uno hace con su cuerpo y con su vida lo que quiere, pero semejantes excesos van en contra de mis principios y valores, lo cual provoca en mí un enorme sentimiento de rechazo hacia esas personas por transmitirme que no valoran ni respetan su salud.

Además, para qué nos vamos a engañar, en la cama seguía sin haber química ni conexión. Por más que intentaba hablar con él y explicarle lo que me gustaba, no había entendimiento. Marc tenía muchos prejuicios y tabús a la hora de hablar de sexo, y eso hizo que mi deseo por él se fuera apagando, hasta que llegó un punto en el que la relación se enfrió y perdimos el contacto.

Después de Marc, decidimos hacer intercambios juntos y no tener citas por separado, es decir, pactamos tener una relación *swinger*, debido a que Sergio lo había pasado bastante mal y todavía no estaba preparado emocionalmente, ya que mi broma de que le había salido competencia había abierto una herida que era necesario sanar. En aquel momento, la relación tampoco era lo suficientemente sólida como para compartir nuestros sentimientos con otras personas. Además, decidimos centrar todas las energías en impulsar nuestra empresa de nutrición y deporte; era algo que nos hacía mucha ilusión y a la vez nos unía más como pareja. Fueron pasando los meses y mi relación con Sergio se fue consolidando,

Me gustaría decir que después de eso fuimos felices y comimos perdices, pero la verdad es que aquello era la calma antes de la tempestad…

Capítulo 8
Novia a la fuga

Y entonces desapareció. Olga se esfumó por completo. Habíamos quedado el jueves, como siempre, pero no se presentó.

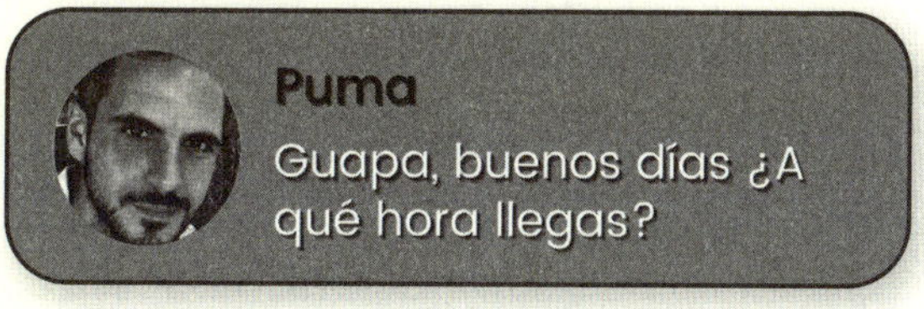

Eran ya las 13:00 y seguía sin dar señales de vida. Empecé a preocuparme, aunque no en exceso. Muchas veces Olga desaparecía un rato, incluso cuando habíamos quedado, pero luego volvía, aunque llegara un par de horas más tarde de lo previsto.

Aquella mañana algo me olía raro, porque habíamos quedado a las 10:00, pasaban ya tres horas y ni siquiera había leído mi mensaje. A las 17:00 Olga seguía ausente, y mi preocupación y mi enfado aumentaban cada minuto que pasaba. «¡Joder! ¿Tanto le cuesta contestar un puto *wasap*?», me preguntaba a mí mismo.

Cada cinco minutos miraba el móvil, pero seguía sin leerlo. Ni se había conectado. Empecé a caer en una dinámica obsesiva. Aquella situación me provocaba cada vez más ansiedad y una sensación constante de estar acelerado. Me veía totalmente incapaz de concentrarme en nada. Solo escuchaba una voz retumbando en mi cabeza, como un martillo golpeando un tambor, y que me repetía una y otra vez: «¿Me está ignorando? ¿Le habrá pasado algo? ¿Estará bien? ¿Ya se ha aburrido de mí y quiere dejarme?».

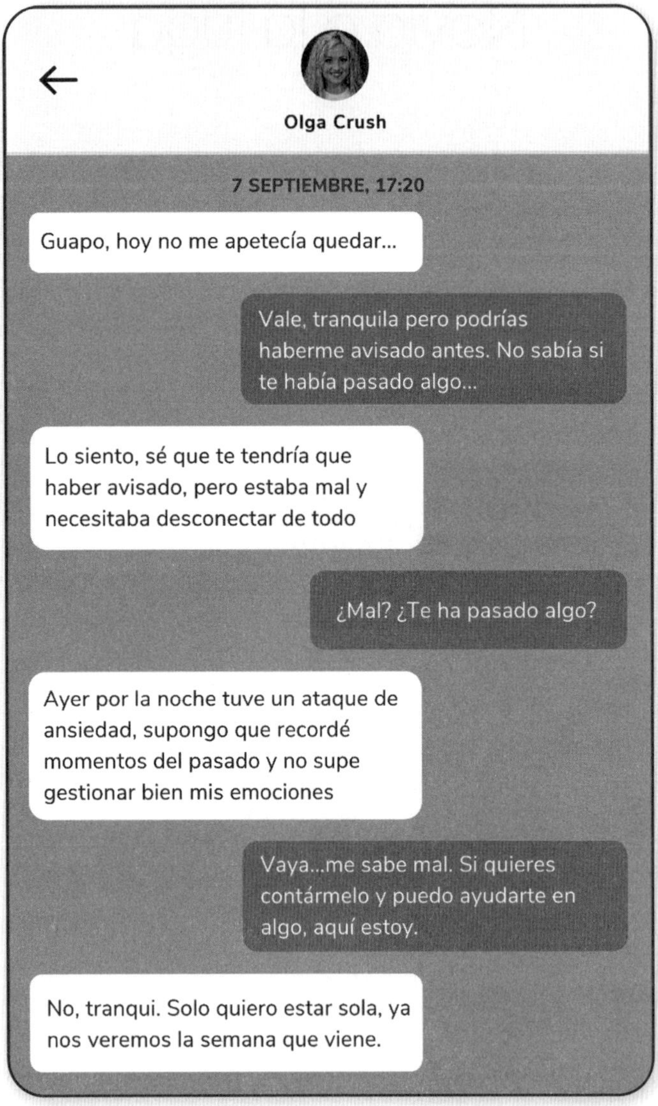

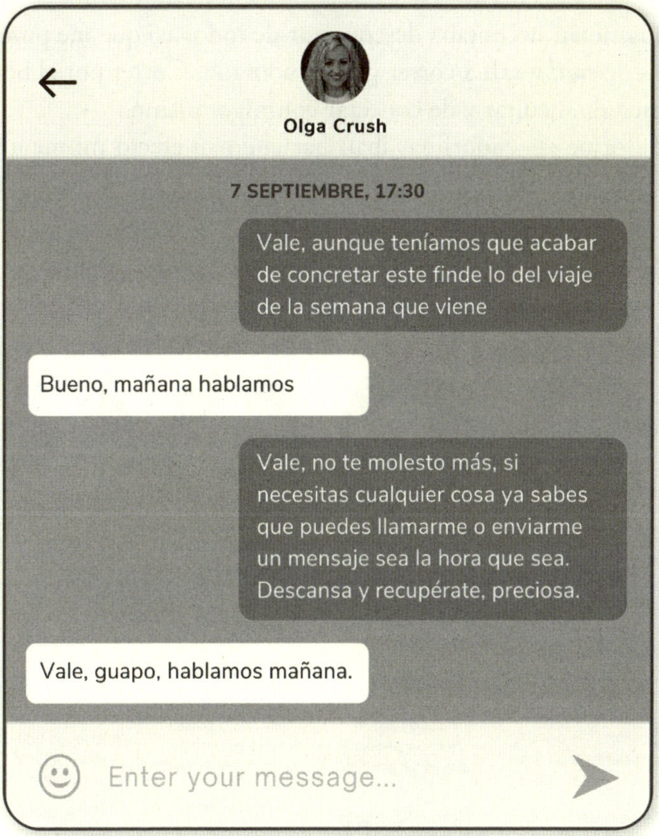

Sinceramente, me quedé entre *rayado* y enfadado. Por una parte, me fastidiaba que no me hubiera dicho nada antes, dejándome en vilo todo el día. Por otra, el hecho de saber que estaba mal y que no podía hacer nada para ayudarla me causaba bastante frustración e impotencia. Lejos de reducir mi ansiedad, recibir aquellos mensajes solo hizo que aumentara. Si está mal, ¿por qué no quiere mi ayuda? ¿Le molesto? ¿No confía en mí? Después de todo lo vivido juntos, ¿prefiere estar sola?

—¡AAAAAAAAAAH! —grité con todas mis fuerzas, al estilo Son Goku al convertirse en Super Saiyan. La frustración mutó en rabia, luego cogí aire hasta llenar por completo mis pulmones y respiré lentamente—. Vale... Ya está, cálmate, sé paciente y dale su espacio —me dije en voz alta.

Yo también necesitaba desconectar de todo, así que me puse las zapatillas de *trail* y salí a correr por la montaña. Correr por el bosque es mi forma de meditar y de conectar conmigo mismo.

Conforme las endorfinas iban haciendo su efecto mi mente volvía a un estado de calma. Poco a poco empezaba a ver las cosas con más claridad, lo cual me llevó a reflexionar sobre el apego.

Según los estudios actuales, existen cuatro tipos de apego:

ESTILOS DE APEGO

Seguro	Evitativo	Ansioso	Desorganizado
Afronta los conflictos.	Evita los conflictos.	Vive los conflictos con mucha angustia.	Vive los conflictos de forma dramática.
Expresa sus sentimientos y necesidades.	A menudo no expresa lo que siente, piensa y necesita.	Piensa más en las necesidades de la pareja que en las suyas.	Siente que no puede confiar en nadie.
Disfruta del tiempo en pareja y del tiempo sin ella.	Valora más el tiempo propio que el de pareja.	Necesita estar todo el tiempo posible en pareja.	No se acerca porque le van a herir y defraudar.
No crea relaciones de dependencia.	Tiene dificultades para comprometerse.	Suele crear relaciones de dependencia.	Relaciones inestables: amor-odio.
No siente preocupación por ser dejada/o.	La pareja no suele ser su prioridad.	Siente temor excesivo al abandono.	Temor al abandono, pero dificultades para intimar.

El **apego seguro** conlleva disfrutar de relaciones sanas con los demás, equilibradas y basadas en la comunicación sincera y la confianza.

Las personas con un apego seguro se sienten cómodas al expresar sus sentimientos y se sienten escuchadas y comprendidas sin juicio. Una relación de pareja en la que los dos miembros muestran un apego seguro tiene muchos números de perdurar en el tiempo, ya que existe un apoyo por ambas partes, tanto en los momentos de alegría como en las situaciones más difíciles.

El **apego ansioso-ambivalente** se caracteriza por una **necesidad constante de atención y validación** por parte de los demás. Las personas con este tipo de apego sienten inseguridad. Temen el abandono o el rechazo y necesitan en exceso sentirse queridas y amadas por el otro miembro. Si no reciben los *inputs* necesarios, tienden a experimentar ansiedad.

Las personas con **apego evitativo** tienden a evitar la intimidad y a expresar sus emociones. Se sienten incómodas cuando dependen de los demás. Les cuesta compartir sus sentimientos más profundos y prefieren mantener relaciones superficiales.

El **apego desorganizado** es el menos común, ya que suele corresponder a traumas o abusos vividos en la infancia. Suele consistir en una mezcla entre el apego evitativo y el apego ansioso. Por lo tanto, la persona con este tipo de apego se comporta de forma paradójica y manda mensajes bastantes contradictorios. Suele darse en relaciones conflictivas donde existe una alta carga de frustración e ira, ya que por un lado la persona anhela tener relaciones profundas y de calidad, pero por otro tiene miedo a la intimidad.

Los tipos de apego no son inmutables, es decir, pueden cambiar con el tiempo y todo depende del grado de desarrollo personal que alcanza cada individuo y de las relaciones que va creando a lo largo de su vida. También quiero remarcar que el tipo de apego no depende exclusivamente de la persona, sino que en gran medida viene determinado por el trato que recibe de aquellos con quienes se relaciona. Por ejemplo, una persona que no recibe suficiente amor por parte de su pareja puede actuar e incluso desarrollar un tipo de apego ansioso hacia ella a causa de no sentirse querida. No obstante, lo que he aprendido sobre el tipo de apego, y que intento llevar siempre a la práctica para tener una relación más sana con los demás, es que, independientemente de cómo me haga sentir el resto, lo que determina que yo sea mejor persona cada día es cómo me acabo relacionando con los demás y el trato que les doy. Es decir, por ejemplo, si uno de los miembros de una pareja refuerza de forma intermitente a la otra persona, lo fácil sería desarrollar un apego ansioso y pedir más y más al otro hasta desgastar la relación. Para quien desconozca lo que es el refuerzo intermitente, se trata de una conducta en la que se alternan intensas dosis de atención y cariño seguidas de dosis de indiferencia o reproches. No obstante, yo en estos casos tomo consciencia de ello y busco recursos para no actuar de esta forma. Por ejemplo, dialogo con mi pareja y le pregunto qué le sucede, para empatizar al máximo con ella y poder comprenderla y buscar soluciones que nos lleven a relacionarnos siempre desde un apego seguro y sano.

Por aquella época, Olga era un claro ejemplo de **apego evitativo** debido a sus experiencias pasadas. Por más que ella llegara a estar enamorada de alguien o tuviera un gran vínculo emocional o de amistad siempre tendía a esconder y a no expresar sus sentimientos, ya que ella misma reconocía estar muy a la defensiva desde que había vivido aquella relación tan tóxica con su ex. Yo, por mi parte, en aquella época tendía mucho al apego ansioso-ambivalente.

Cuando volví a casa, ya más calmado, llamé a mi mejor amigo, Manel, y quedé con él para jugar un rato a las PSVR (las gafas de realidad virtual de PlayStation) y desahogarme.

Manel es, sin duda, mi mejor amigo. Con veintitrés años monté mi primer negocio, una tienda de *airsoft* (un deporte muy friki de recreación militar). En aquella época Manel acababa de abrir un bar temático llamado Bar of Duty, basado en la famosa franquicia de videojuegos *Call of Duty*. Manel trataba de atraer equipos de *airsoft* a su bar y así fue como nos conocimos. Mi tienda estaba a solo trescientos metros de su local y durante aquella época de mi vida pasé muchísimas horas allí riendo y haciendo amigos (y algún que otro enemigo). Cuando mi negocio fracasó, Manel fue un apoyo enorme para mí, hasta el punto de que, cuando yo estaba en la ruina absoluta, me daba de comer gratis en su bar. Pese a que nos conocimos por motivos comerciales, enseguida vimos que éramos almas gemelas. Años después de conocernos supe que él también es eneatipo ocho. Qué casualidad, ¿verdad? Hemos vivido muchas aventuras juntos, nos daría para otro libro entero.

Llegué a su casa y le expliqué todo lo ocurrido.

—No sé, Puma, yo que tú iría a su casa a apoyarla. —«Puma» es el mote por el que me conocen mis amigos.

—Uf… No sé, tío, creo que necesita su espacio —dije yo, reflexivo.

—¿Y tú qué necesitas? Está bien que te preocupes por lo que ella necesita, pero tú también tienes tus movidas y creo que lo estás pasando mal —continuó—. Además, fijo que si te presentas en su casa en plan sorpresa le darás una alegría enorme —afirmó muy seguro de sus palabras.

—Olga a veces tiene bajones de ánimo, aún arrastra mucho de lo que sufrió con su ex, el tóxico. Cuando le ocurre eso, tiende a aislarse por completo del mundo. A mí me gusta respetar su espacio, pero por una parte me pregunto si eso realmente la ayuda o no. Porque, cuando habla conmigo y consigo que se abra, noto que se siente mejor. De hecho, durante los días que pasamos juntos está siempre de buen humor y superanimada, y sus bajones suelen venir cuando lleva días sola encerrada en su piso —le expliqué a Manel.

—Pues, tío, blanco y en botella. Si cuando está contigo está bien y cuando se queda sola se raya, ve a buscarla, que seguro que le darás una alegría —dijo con toda la buena intención del mundo.

—Supongo que tienes razón. Si mañana sigue encerrada en su cueva, me presentaré allí para darle mi apoyo —dije sin estar muy seguro de si era la mejor opción.

Tras desahogarme, volví a casa, me puse los cascos con el volumen al máximo y me estiré en la cama. No hay mejor medicina que un poco de música, así que me puse en bucle «El mundo sigue girando», de El Chojin:

El miedo es de sensatos, pero rendirse ante él es de mediocres.
Si he aprendido algo es que todo depende de cómo lo enfoques.

La escuché veinte veces para recordarme a mí mismo que, por más que las cosas duelan, nada ni nadie me puede tumbar. Luego me puse Linkin Park hasta quedarme dormido.

Al día siguiente, Olga seguía encerrada en su búnker sin dar señales de vida. Así que me esforcé por acabar rápido el trabajo que tenía pendiente para poder recoger pronto e irme a su casa.

Mientras conducía de camino a Manresa, sinceramente, estaba cagado; no sabía cómo iba a reaccionar Olga, ya que sabía que le gustaba tener su espacio, y yo lo estaría invadiendo. Pero también sabía que lo estaba pasando mal, así que no quería quedarme de brazos cruzados. De mi casa a la suya había una hora de carretera y se me hizo eterna. Intenté evadirme escuchando algo de música, pero los pensamientos de mi cabeza sonaban más fuertes que los altavoces del coche.

«Seguro que se alegra de verme y de que le dé una sorpresa», me repetía una y otra vez, tratando de autoconvencerme.

Por fin estaba frente al portal de su casa y, sin pensármelo ni un segundo más, llamé al interfono. Era uno de esos interfonos modernos con cámara.

—¡¿Qué coño haces aquí?! —gritó Olga a través del telefonillo, y de golpe se cortó el audio.

Me quedé bastante impactado por su grito, pero, antes de que me diera tiempo de pensar siquiera, empezó a sonar mi teléfono móvil. Era ella.

—¿Se puede saber qué haces aquí? —me dijo bastante alterada.

—Como me dijiste que estabas mal, he pensado en venir a verte para estar un rato contigo y animarte. ¿Me puedes abrir y hablamos en persona? —le dije bastante preocupado, viendo que había sido muy mala idea ir por sorpresa.

—¡NO! ¡NO QUIERO ABRIRTE! ¡LÁRGATE AHORA MISMO! ¡YO NO TE HE PEDIDO QUE VINIERAS! ¡QUIERO ESTAR SOLA! ¡¿LO ENTIENDES?! ¡SOLA! —Olga había perdido totalmente los papeles.

—¿Tú crees que yo me merezco que me hables así y me grites? Después de todo lo que hemos vivido, ¿a qué viene esto ahora? —dije entre triste y enfadado mientras caminaba por la calle con el móvil pegado a la oreja.

—Mira, ¿sabes qué? Yo no quería novio por esto, porque no sirvo —dijo muy alterada—. Así que mejor lo dejamos, no hace falta que nos volvamos a ver —concluyó sin titubear.

—¿En serio me dejas por teléfono? ¿Esa es la conexión tan fuerte que, según tú, teníamos? ¿Te parece normal montar todo este *show* y chillarme y hablarme así tan solo porque he venido a verte para darte mi apoyo? Estoy *flipando*, ya hablaremos cuando estés más calmada —le dije antes de colgarle.

Me subí al coche y pegué un portazo con todas mis fuerzas, como si tratase de arrancar la puerta. Volví todo el camino llorando como una magdalena mientras me repetía a mí mismo una y otra vez «yo no me merezco esto». Estaba completamente desgarrado. Entre lágrimas llamé a Manel:

—Estoy mal, tío —le dije sollozando.

—Vente a mi casa y hablamos, aquí te espero —contesto él al momento.

Allí estaba otra vez, en casa de Manel contándole mis penas. Era como ir al psicólogo, pero gratis. Le puse al día de todo:

—Estaba con otro, fijo. La has pillado follándose a otro y por eso te ha montado ese numerito y no ha querido abrirte la puerta —sentenció Manel.

—Qué va, eso no tiene ningún sentido, sabe que es libre de acostarse con quien quiera, no tiene la necesidad de mentirme —le rebatí con total seguridad.

—Pues no sé, tío, es muy raro, estabais superbién y de golpe te deja, no lo entiendo, la verdad —añadió pensativo.

—¿Tú no lo entiendes? Pues anda que yo... —le confesé mientras me encogía de hombros—. Además, se supone que dentro de cuatro días nos vamos de viaje a Francia, ya tenemos el hotel pagado y todo.

—¿Pero entonces habéis roto o no? —me preguntó desconcertado.

—Sí, vuelvo a estar soltero, Manel. Habrá que irse de fiesta para celebrarlo, ¿no? —le dije riendo para quitar hierro al asunto, aunque irme de fiesta era lo que menos me apetecía del mundo.

—Tú ya estás pensando en follar, cabrón —dijo Manel mientras se descojonaba de risa.

—Qué va. Bromas aparte, ya sabes como soy, estoy muy dolido. Cuando me divorcié, quería estar soltero y no volver a tener pareja. Así que eso haré: me centraré en mis proyectos, que son lo que más me apasiona, y dudo que vuelva a tener novia —afirmé mientras empezaba a recuperar el ánimo.

Nada me apasiona más ni me da tanta plenitud como desarrollar mis proyectos empresariales. Llevo desde los veintidós años montando mis propios negocios y, más allá del dinero, es algo que realmente me hace sentir realizado y hace que me palpite el corazón. Así que empezar a formar la idea en mi cabeza de que iba a centrar todo mi tiempo y mis esfuerzos en seguir haciendo crecer mis negocios me hacía sentir esperanzado y lleno de ilusión.

No obstante, aquella noche me la pase llorando. Una ruptura siempre duele, pero si algo he aprendido es que reprimir las emociones no sana ni evita el sufrimiento, solo hace que se vuelva más grande. Así que, una noche más, estaba tumbado en mi cama, acompañado de los versos de El Chojin, escuchando nuevamente en bucle una de sus canciones. En esta ocasión decidí escuchar «Levanta la cara»:

> La anterior vez lo superé con el tiempo,
> Ahora parece que es peor, no debe de ser cierto,
> No, que va, no debe serlo,
> Que duele más el presente que los recuerdos,
> Tengo ganas de gritar, de liarme a patadas,
> Y no me digas que no pasa nada, pasa,
> Me cuesta dormir, no quiero salir,
> Y al mismo tiempo se me cae encima la casa,
> Ese nudo en el estómago me mata.

Dejé que las lágrimas brotaran de mis ojos, simplemente me permití sentir el dolor, lo abracé y lo acepté.

Al día siguiente me sentía lleno de energía y con ganas de comerme el mundo. Estaba completamente focalizado en seguir mejorando mi físico, dar el 100 % en mis negocios y seguir desarrollándome como persona. Quizás te sorprenda mi facilidad para pasar página, pero es gracias a que me permito estar mal cuando tengo que estar mal.

Pasaron cuatro días y llegó aquel en el que se suponía que debíamos irnos a Francia de viaje. Desde la ruptura, Olga y yo no habíamos vuelto a hablar. Así que di por hecho que el viaje quedaba anulado. Estaba completamente concentrado en mi trabajo cuando una notificación me rompió por completo los esquemas. Sí, era un wasap de Olga.

Olga Crush

Guapo, buenos días.

Me imagino que debes estar súper enfadado conmigo y tienes todo el derecho del mundo a estarlo. Te he tratado muy mal sin merecértelo en absoluto y me siento fatal.

Hoy me voy a Francia, me gustaría que vinieras conmigo y pudiéramos hablar. Si no quieres venir lo entenderé.

¿Va en serio, tío? ¿Me estás vacilando? Me deja, pasa de mí toda la semana, ¿y ahora quiere que nos vayamos de viaje juntos?

Fueron los primeros pensamientos que me vinieron a la cabeza. De golpe, una vorágine de sentimientos me golpeó como si me hubieran pegado un martillazo con una maza de hierro. Ira, rabia, enfado e indignación, por una parte. Sentí que se estaba riendo de mí, que estaba jugando conmigo como un muñeco de trapo. Por otra parte, el pulso se me había acelerado al ver una notificación suya, pues seguía muy enamorado de ella. Sí, claro que soy capaz de pasar página y no permito que la tristeza se apodere de mi vida, pero en el fondo estaba feliz y me hacía ilusión que me hubiera vuelto a hablar; la echaba muchísimo de menos. Evidentemente, quería volver a verla, aunque solo fuera para despedirnos como es debido y no por teléfono a gritos.

Tras leer el mensaje, la dejé en visto y tardé aproximadamente una hora en contestarle. Mi ego y mi orgullo heridos querían enviarla a la *mierda*, pero mi corazón quería volver a verla. Tras darme aquel tiempo de reflexión, y con la cabeza un poco más serena, le contesté:

Para ir hacia Francia, mi casa no venía de paso y, sinceramente, no me costaba nada quedar en un punto medio. Sin embargo, preferí hacerla venir a buscarme expresamente y mantenerme algo serio y distante. Era mi forma de decirle: «Si quieres hablar, *cúrratelo*».

Quizás no estaba siendo del todo justo con ella, pues a fin de cuentas había invadido su espacio al presentarme en su casa sin avisar. Además, era consciente de que ella estaba mal. Pero, pese a todo, consideraba que su reacción había sido totalmente desproporcionada, ya que yo solo había actuado con la intención de ayudarla.

A las tres en punto de la tarde, Olga apareció con su cochecito negro. Era el típico coche huevo, ideal para moverse por ciudad. Se bajó de él, llevaba un vestido blanco precioso y tacones negros. Sinceramente, estaba espectacular. Vino directa hacia mí mirándome fijamente a los ojos, haciéndome morritos y abriendo los brazos para pedirme un abrazo. Yo estaba apoyado contra una pared cruzado de brazos y con cara de *mala hostia*, para qué nos vamos a engañar.

—Guapo, ¿me das un abrazo y un besito? —me saludó mientras se acercaba.

—No —le respondí mientras seguía cruzado de brazos—. Sube al coche y hablamos —le dije mientras me dirigía al maletero para guardar mi mochila de viaje.

—Lo siento muchísimo, de verdad, ya sé que la he cagado. —Le cambió la cara por completo, estaba triste, y es algo que Olga normalmente sabe ocultar muy bien, pero en aquel caso su tristeza era evidente.

Ambos nos subimos al coche y pusimos rumbo a Francia. Al principio hubo un silencio incómodo y empecé a pensar si había sido buena idea irme de viaje con ella. Hice un par de respiraciones profundas para librarme del enfado que tenía encima, el cual me impedía obrar con claridad, y le dije:

—En primer lugar, te quiero pedir perdón porque fue una cagada ir a tu casa sin tu permiso, lo hice mal y lo siento de verdad —le dije, intentado echar a un lado mi orgullo—, pero creo que tu reacción fue total y absolutamente desproporcionada —razoné.

—Tienes toda la razón, me pasé siete pueblos y no te merecías en absoluto cómo te traté, estoy muy arrepentida, de verdad —dijo con voz triste—. Así que me parece lógico que estés muy enfadado conmigo, sé que te he hecho daño. —Su disculpa sonaba sincera.

—¿Y se puede saber por qué reaccionaste de esa forma tan violenta? —le pregunté.

—A ver por dónde empiezo... ¿Recuerdas aquel ex con quien te expliqué que había tenido una relación muy tóxica y que me lo hizo pasar fatal hasta el punto de que caí enferma? Pues resulta que durante los dos años que duró la relación yo intenté cortar con él varias veces. Pero él se negaba por completo y se volvía loco cada vez que yo le proponía dejarlo. En ocasiones me amenazaba diciéndome que se iba a tirar por el balcón o atentaba directamente contra su salud delante de mí para llamar mi atención, otras me llamaba al teléfono hasta fundirme la batería. Recuerdo una época en la que estuvo mandándome flores y peluches a casa, ¡cada día!, durante más de una semana. Tras comprender que no podía recuperarme, una noche se presentó en el portal de mi casa y empezó a llamar al timbre de forma descontrolada. Le pedí por favor y educadamente que se marchase, pero no lo hizo. Se lo pedí varias veces incluso llorando, que me dejase en paz, pero no había manera; él seguía llamando al timbre y al móvil. En un mensaje de WhatsApp me escribió que no se iría del portal hasta que le abriese la puerta y que, de lo contrario, se quedaría allí haciendo guardia todo el tiempo que hiciera falta. Todavía no sé cómo, consiguió colarse en el edificio y empezó a aporrear mi puerta y a gritarme. Al final acabé llamando a la policía y se lo llevaron. Aquella situación se alargó unas dos horas y me provocó un episodio de ansiedad muy fuerte —me explicó mientras derramaba algunas lágrimas—. Así que, cuando apareciste en mi portal sin avisarme, aunque sé que tú no tienes nada que ver con aquel tipo, por un momento reviví todo aquello y me puse supernerviosa al pensar que tú me ibas a hacer lo mismo, por eso te grité como una loca. —Mientras me explicaba la historia, recordé que unas semanas atrás me había contado algo por encima, aunque no con tanto detalle.

—Joder... Lo siento mucho. —Ahora era yo el que se sentía fatal—. Conforme me lo ibas explicando, he recordado que ya me contaste una vez cómo tu ex estuvo acosándote en el portal de tu casa y que había tenido que venir la poli —le dije mientras mi cara y mi tono de enfado se iban ido diluyendo poco a poco—. Pero yo jamás he tenido la intención de acosarte. En cuanto me dijiste que me fuera, me marché —le dije con voz triste, intentando excusarme.

—Sí, sí, tú has pagado el pato de lo que me hizo aquel *capullo*. —Se notaba en su tono que no había superado del todo el episodio tan desagradable que vivió en aquella relación—. Yo sé que tú solo habías venido a animarme, porque sabías que lo estaba pasando mal. Necesitaba estar sola porque todavía no tengo superado la relación de mi ex y temo que se repita, por eso he querido aislarme estos días. Necesitaba tiempo para pensar y no me sentía con fuerzas de quedar contigo. En el fondo, me moría de ganas, pero no quería que me vieras tan mustia. De todas formas, al margen de lo mal que reaccioné, sabes de sobras que odio que invadan mi espacio, así que venir desde tu casa sin avisarme me puso en una situación muy incómoda porque yo quería estar sola. El hecho de que vinieras de forma expresa hizo que me viera moralmente obligada a abrirte la puerta. Me sentía entre la espada y la pared. Esa fue la presión que me hizo explotar y revivir toda aquella situación con mi ex —añadió ella.

—Tienes razón, ambos la hemos cagado. Yo no tendría que haberte puesto bajo esa presión y tú no tendrías que haber reaccionado de esa forma —concluí.

Tras esto se produjo un largo silencio incómodo. Estaba claro que los dos habíamos metido la pata y nos habíamos hecho daño mutuamente. Finalmente, Olga rompió el silencio:

—Soy una novia de mierda, siempre la cago y les hago daño a las personas que quiero, es mejor que me dejes —dijo mientras las lágrimas le caían por las mejillas.

—Eh frena, frena, aquí nadie es perfecto y todos la cagamos por igual, que yo también he metido la pata —le dije intentando calmarla—. Ojalá pudiera retroceder en el tiempo y respetar mejor tu espacio… no sabes cuánto lo siento. —La voz se me rompió y empecé a llorar.

Capítulo 9
Crisis de pareja

Olga paró el coche a un lado de la carretera y ambos nos bajamos. Esta vez sí nos dimos el abrazo que nos merecíamos. Nos fundimos el uno en el otro y nos empezamos a dar un beso apasionado.

—Te quiero, te quiero, te quiero —me susurró al oído mientras me abrazaba con todas sus fuerzas.

—Y yo a ti, cariño, te he echado muchísimo de menos, eres el amor de mi vida y quiero estar siempre contigo —le dije mientras nos mirábamos fijamente a los ojos.

Aquello me hizo reflexionar sobre la importancia de conocer las dos partes de una historia y los motivos por los cuales alguien hace algo. En la vida no hay buenos ni malos; la mayoría de las veces, si nos paramos a escuchar y a empatizar con una persona que consideramos que ha actuado «mal», podemos ver que, bajo el prisma de esa persona, ella considera que está actuando correctamente o simplemente está tratando de defenderse de aquello que considera una amenaza.

Como decía Sócrates: «El malo lo es por ignorancia; y, por tanto, se cura de ello con la sabiduría».

Así pues, casi todos los actos «malvados» suelen ser en realidad un escudo protector que crea la persona que se siente atacada, condicionada por el miedo o la ignorancia. El paso de los años hace que las personas crezcan físicamente, pero el sistema educativo actual no nos proporciona herramientas para crecer y evolucionar emocionalmente. Es por eso por lo que, desafortunadamente, hay muchos adultos que a nivel psicológico son bebés emocionales.

Los niños crecen y se desarrollan con una gestión emocional pésima. ¡Tampoco se les enseña a saber reconocer sus emociones ni mucho menos a gestionarlas! Y luego llegamos a la etapa adulta y nos sorprende que no sepamos ni por qué reaccionamos de tal forma ante cosas que nos pasan en la vida e incluso que no sepamos quiénes somos ni qué hacemos aquí realmente.

Pero esto a la sociedad del consumismo desenfrenado le va fenomenal porque crear «máquinas de producir» garantiza que el sistema capitalista siga así durante muchos años más gracias al engranaje que han creado.

Tan solo hay que echar un vistazo a la generación de nuestros padres y abuelos para comprobar lo difícil que les resulta a esos hombres abrirse y hablar de sus sentimientos. La mayoría son incapaces o se ponen incluso nerviosos. Los han programado para trabajar y producir, casarse, tener hijos y seguir alimentando este sistema que ha aniquilado por completo nuestra esencia más profunda.

Afortunadamente, algunas personas de nuestra generación somos conscientes del déficit emocional existente y, gracias a ello, muchos luchamos para poner más énfasis en desarrollar habilidades sociales y así conseguir disfrutar de una relación más bonita con los demás y, sobre todo, con nosotros mismos.

En mi caso, aprendí a no tomarme las cosas de manera personal. Es decir, podría haber pensado que Olga había actuado de aquella forma para herirme o para reírse de mí, pero nada más lejos de la realidad. Con el tiempo, Olga me confesó que lo que más le había dolido de la situación fue el hecho de pensar que me estaba haciendo daño, pero que en aquel momento ella no sabía hacerlo mejor.

Ya lo dijo Epícteto: «Cuando pienses que alguien te ofende o te insulta, no te dejes llevar por esa impresión. Recuerda que no es su comportamiento lo que te daña, sino tu juicio».

Por eso, desde que no me victimizo, he aprendido a discernir entre lo que interpreto que me ocurre y lo que me ocurre realmente. Lo primero es mi opinión subjetiva, condicionada por mis creencias, emociones y experiencias; lo segundo es la realidad.

De la filosofía estoica he incorporado también el aprendizaje de que ante un suceso que me ocurre debo valorar en tercera persona, como si fuera un observador externo que lo ve desde fuera, y no desde mi sesgado punto de vista, que solo contempla una de las partes.

Tras secarnos las lágrimas, nos volvimos a subir al coche. Empezaba a anochecer cuando llegamos a la casa donde íbamos a hospedarnos una semana. Era la típica masía de campo perdida en la montaña que tanto nos gusta a Olga y a mí. Nada más llegar, aparcamos los coches en un improvisado *parking* de tierra, y cinco o seis perros nos vinieron a recibir.

—¡Qué bien! Me siento como en casa —gritó Olga con una sonrisa de oreja a oreja mientras acariciaba a un par de ellos. Y es que a Olga le encantan los animales.

—Vamos por allí —dije señalando la puerta principal, donde supuse que estaría la recepción.

Una mujer rubia de unos sesenta años nos saludó en francés nada más llegar. Nos dio la bienvenida y nos mostró la casa por dentro mientras yo iba haciéndole de traductor a Olga, ya que hablo francés perfectamente. Estuve viviendo ocho años en Francia y, además, mi madre se crio en Marsella, una ciudad del sur del país de los *croissants* y las *baguettes*.

Justo detrás de la recepción había una mesa de billar preciosa. Se me pasaron por la cabeza un montón de imágenes y fantasías de lo bien que me lo podría montar allí con Olga. A continuación, salimos al exterior y nos enseñó la terraza. Aquello era inmenso; estaba lleno de mesas y bancos rollo pícnic. También había una zona de sofás muy bonita y un montón de árboles por todo el recinto para favorecer lugares con sombra.

A nuestra derecha había una familia de franceses disfrutando de la cena mientras hablaban y reían entre ellos. Se respiraba mucha tranquilidad y eso nos encantó. Volvimos a la recepción a recoger nuestras cosas para ir a nuestra habitación. Entramos y nos tumbamos en la cama, pues teníamos ganas de descansar un poco antes de la cena y, quién sabe, quizá darnos un revolcón para sellar nuestra reconciliación.

—¡Me encanta este sitio! Hemos acertado, ¿eh? —exclamó Olga con tono alegre.

—Pues sí, la verdad es que está muy bien. Es como me imaginaba, o incluso mejor. Por cierto, ¿has visto la mesa de billar? —pregunté con tono pícaro.

—Vaya, ha sido lo primero que me ha llamado la atención nada más entrar. Además, si te digo lo que me he imaginado allí encima contigo… —dijo cambiando el tono mientras acercaba su cuerpo al mío.

—¡Venga, va! Yo he pensado lo mismo. ¿Te imaginas hacerlo allí encima? Debe de ser supermorboso. Además, esto está lleno de gente y en cualquier momento podrían vernos… —dije mientras fingía que me importaba, para darle más morbo al asunto.

—¡Pues vamos! —Olga me dio un beso fugaz, de esos que te dejan con ganas de más, y pegó un brinco de la cama para sacar la cabeza por la puerta y comprobar si había gente. Mientras espiaba con la puerta entreabierta, se quitó las bragas para facilitar el acceso por debajo de la falda de su vestido. Yo me puse malísimo. En aquel momento pasó una pareja por delante, pero no vio nada.

—Jolín, justo ahora se ha puesto una familia a jugar… —anunció con un tono de decepción total y el rostro muy serio.

Mientras Olga seguía asomada por la puerta, me acerqué a ella por la espalda y deslicé mi mano suavemente por su cadera hasta alcanzar su culo por debajo de la falda. Envolví su cuerpo con mi brazo hasta que mis dedos alcanzaron su clítoris. Enseguida noté que estaba muy mojada y empecé a masajearlo suavemente.

—Cabrón, me has pillado desprevenida —confesó Olga con una sonrisa mientras se mordía el labio inferior y seguía con la puerta entreabierta.

—Tú sigue mirando por la puerta a ver si viene alguien —le susurré al oído a la vez que le mordía la oreja.

Olga se inclinó sobre el marco de la puerta para ponerse más en pompa. Metí mis dedos en su vagina para empezar a estimularle el punto G. Su respiración cada vez se aceleraba más y se le escapó un ligero gemido.

—Nos van a oír —dijo ella con el aliento entrecortado, a la vez que se le escapaba una sonrisilla.

—Puede que sí, pero te encanta, y en el fondo es lo que quieres. Si no, ¿por qué no cierras la puerta? —le dije mientras me inclinaba sobre ella para tocarle los pechos con mi otra mano sin dejar de masturbarla.

—¡Cómo me conoces!, ¡me pones malísima! —dijo ella cada vez más mojada—. Métemela ya, no aguanto más —me suplicó cada vez más jadeante.

Me aparté un momento para quitarme los pantalones y, en aquel mismo instante, pude ver como Olga, muy impaciente, se masturbaba.

—¡¿Va, a qué estás esperando?! —dijo tan alterada como excitada.

—Estoy disfrutando de ver cómo te masturbas —le confesé mientras yo también me masturbaba al mirarla.

—¿Te gusta ver cómo disfruto yo sola, ¿verdad? —me preguntó mientras señalaba su mochila—. Pásame el vibrador, estás castigado sin metérmela. Hoy solo vas a mirar —anunció con un tono imponente y desafiante.

Cerró la puerta y se dirigió hacia la cama. Se desnudó por completo y cogió el vibrador que yo tenía en las manos. Se tumbó en la cama, yo me acerqué a ella para tumbarme a su lado. Mientras me miraba con deseo, encendió el vibrador y me susurró al oído:

—Te prohíbo que me toques, hoy solo puedes mirarme, así que sal de la cama.

Me obligó a ponerme frente a ella, estaba completamente desnuda y abierta de piernas mientras seguía acariciándose el clítoris. Poco a poco se introdujo el vibrador sin dejar de gemir. Yo cada vez la tenía más dura y me estaba empezando a arrepentir de no habérsela metido cuando tuve oportunidad.

De todas formas, he de admitir que ver cómo Olga se masturbaba me enloquecía. Su pequeño y esbelto cuerpo se retorcía de placer entre las sábanas mientras una de sus suaves manos acariciaba sus pechos y la otra movía con delicadeza el vibrador dentro de ella. Pude notar como Olga estaba a punto de llegar al éxtasis; sus gemidos eran cada vez más y más fuertes, seguramente se escuchaban por toda la casa. Se estremeció y lanzó un último grito cargado de placer mientras todo su cuerpo se tensaba para dar paso a un fuerte orgasmo.

Pasados unos segundos, se relajó por completo, quedándose tumbada plácidamente sobre el colchón con los ojos cerrados. Todavía tenía el vibrador en la mano y una amplia sonrisa de satisfacción dibujada en la cara.

—Buf, ha sido increíble, me he ido superbién —exclamó satisfecha—. Y ahora te toca a ti —dijo mientras me miraba con ojos de deseo.

Todavía estaba desnuda encima de la cama, era tan *sexy*… Yo tenía la polla que me iba a explotar, no podía más. El hecho de ver cómo se masturbaba y cómo disfrutaba delante de mí me había puesto cachondísimo. Se incorporó en la cama para inclinarse hacia adelante y empezar a gatear sobre el colchón hacia donde yo estaba. Levantó su mano derecha y me indicó con el dedo índice que me acercara. Avancé unos pasos hasta situarme de pie frente a ella. Mi glande quedaba cerca de su cara, ella se acercó todavía más y abrió la boca para metérsela toda dentro.

Sí hay algo que hace excepcionalmente bien en la cama Olga son las mamadas. Succionaba mi glande y jugaba con su lengua mientras con la mano masturbaba el tronco de mi pene; el placer y la excitación eran insuperables. Noté como un hormigueo de placer recorría mi cadera hasta estallar en un orgasmo que llenó la boca de Olga.

Alzó la cabeza y me miró a los ojos con picardía. Se levantó de la cama y se dirigió al baño para hacer su pipi de rigor y limpiarse con agua y jabón íntimo tras tener sexo. Era algo que hacía de forma sistemática para evitar infecciones de orina y vaginales, ya que, en el pasado, había sido muy propensa a cogerlas si no bebía suficiente agua después de tener sexo. Además, por este mismo motivo tenía el hábito de comer arándanos naturales con frecuencia. De todas las chicas con las que he estado hasta la fecha, no he visto a ninguna ser tan higiénica y cuidar tanto su salud como Olga.

—¿Vamos a cenar y luego jugamos al billar? —preguntó mientras salía del baño desnuda e irresistible.

Su cuerpo era muy esbelto y atlético, se podía intuir fácilmente que entrenaba mucho. Tenía la piel bastante morena debido a las largas horas que pasaba tomando el sol (para aumentar sus valores de vitamina D). Sus pechos eran bastante pequeños, ya que tenía un porcentaje graso más bien bajo, e incluso se podían intuir ligeramente unos sexys abdominales. Sin embargo, su culo era bastante grande y respingón y estaba perfectamente esculpido con una bonita forma redonda gracias a todas las horas semanales que invertía en el gimnasio y a llevar una alimentación saludable muy alta en proteína.

En el interior de su brazo derecho, a la altura del bíceps, un delicado tatuaje decoraba su piel con dos bonitas mariposas que volaban alrededor de una frase en latín: «Alis Volat Propriis»: («Vuela con sus propias alas», en español). Una frase que se tatuó para recordarse a sí misma que es fuerte e independiente y que se puede valer por sus propios medios.

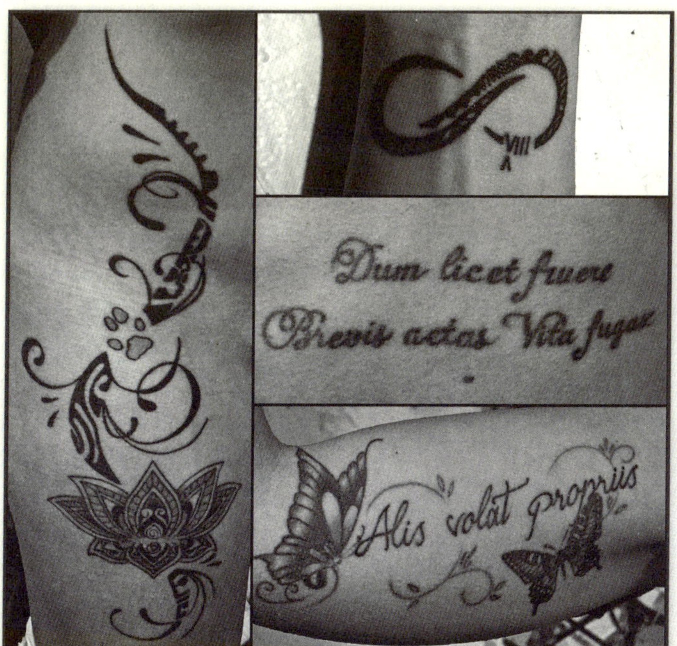

Al bajar la vista por sus bonitas curvas, otra frase en latín le marcaba la piel bajo su pecho y a la altura de las costillas: «Dum Licet Fruere, Brevis Aetas Vita Fugax» («Disfruta mientras puedas. El tiempo es breve; la vida, fugaz», en la lengua de Cervantes) o, como dirían los estoicos de forma más simplificada, «Memento Mori». Por último, desde su cintura, pasando por la cadera y extendiéndose hasta la cara anterior del muslo: un maorí en forma de enredadera con una flor de loto terminaba por decorar su figura.

Su pelo rubio, rizado y alborotado la hacía parecer más salvaje, y eso me volvía loco. Pero, sin duda, si algo me gustaba especialmente de ella eran sus grandes ojos marrón caramelo. No era el típico color marrón; sus bonitos ojos brillaban mucho a la luz del sol, acercándose a tonos amarillentos, e incluso se podían apreciar destellos verdes. En definitiva, era un color realmente peculiar y bastante llamativo.

En su global, mucha gente la compara con Shakira. De hecho, en redes sociales hubo una época en la que a diario nos llegaban mensajes llamándola «la pequeña Shakira» o «la Shakira poliamorosa».

Y volviendo al tamaño de sus pechos, es cierto que está bastante «plana». Pero esto no me parece algo negativo, todo lo contrario. Se ha formado el absurdo tópico de que a los hombres nos gustan las tetas grandes. Y, si bien es cierto que hay muchos a quienes les encantan las tetas enormes, como las de Pamela Anderson, la realidad es que a un alto porcentaje de hombres nos atraen más los pechos pequeños y naturales. ¿En qué me baso? Muy fácil: busca en Google cuáles son las mujeres más deseadas en los últimos diez años y verás que, año tras año, las que más aparecen tienen el pecho muy pequeño. Emma Watson, la famosa actriz de Harry Potter, es un claro ejemplo.

Salimos a la terraza en busca de una mesa para ponernos cómodos. Ya estaba anocheciendo, pero habían encendido unas luces por todo el recinto y se estaba genial. Además, no hacía nada de frío. Olga empezó a sacar comida y más comida de su mochila para ponerla sobre la mesa, aquello parecía no tener fin. Se había traído un montón de cosas de su casa, como de costumbre. No conozco a nadie tan previsor como ella; de repente, en la mesa había comida para pasar un par de semanas. ¡Se la veía tan feliz! Comimos toda clase de alimentos saludables: bananas; manzanas; aguacates; frutos secos; queso fresco; soja; avena; proteína en polvo vegana; pan integral; latas de verdura, de pollo y de atún; etc. Pese a que le encanta viajar y es un culo inquieto, para ella las excusas con la alimentación no tienen cabida. Le encanta cuidarse y comer saludable, y no espera a llegar a los sitios sin nada y resignarse a tener que pedir lo primero que encuentre. Siempre viaja con algo de comida de su casa y, cuando quiere, se da un capricho, pero no modifica sus hábitos por el hecho de viajar, lo cual le aporta mucha paz mental y tranquilidad.

Nuestra alimentación se basa en el *realfooding*, que consiste en reducir todo lo posible el consumo de productos ultraprocesados cargados de azúcar, aceites y harinas refinadas y comer en un 90 % comida real de alto valor nutritivo. Puede parecer algo secundario en una relación, pero es algo que a nosotros nos unió muchísimo. Yo estuve a punto de morir con veintiocho años por culpa de mis malos hábitos, ya que comía mal, no hacía nada de ejercicio y me pasaba el día jugando a la videoconsola.

A día de hoy, está más que demostrado que el estilo de vida que decides llevar determina drásticamente la calidad de vida que vas a tener en un futuro próximo. Además, si llevas buenos hábitos, reducirás un montón posibles enfermedades. Así que hace muchos años que Olga y yo decidimos llevar una vida activa, realizando ejercicio con regularidad, y además comer alimentos saludables la mayor parte del tiempo. Para nada nos cuidamos solo con un fin estético, como ya hemos dicho varias veces: para nosotros, la salud es lo más importante.

Nos pusimos a cenar, pues en realidad después de todo estábamos muertos de hambre, y no era para menos. Cuando acabamos, recogimos nuestras cosas y fuimos a la mesa de billar. Echamos un par de partidas y la verdad es que lo pasamos muy bien. Había más gente por la sala, así que nuestra fantasía de hacerlo en la mesa de billar se quedó pendiente (por suerte, no por mucho tiempo… pero eso te lo contaré más adelante).

—Cariño, hay algo que necesito que hablemos sobre el sexo —me comentó Olga con cara de preocupación—. Desde que empezó nuestra relación, el sexo ha sido una locura, y me encanta que sea así, pero… —Una vez, alguien muy sabio me dijo que todo lo que se dice antes de un «pero» carece de valor—. Estoy bastante preocupada porque dudo que vaya a poder seguir tu ritmo eternamente. Esto de follar más de diez veces por semana me encanta, aunque no puedo llevar este ritmo toda la vida. Me conozco, y sé que en algún momento mi libido va a bajar. Me da miedo que me dejes cuando eso ocurra —confesó muy seria.

—A ver... creo que te estás haciendo una idea equivocada de mis «necesidades» sexuales. Yo no necesito ni quiero estar todo el día follando como si no hubiera un mañana —dije intentado aclararle que no soy una especie de adicto al sexo—. Como pasa en todas las relaciones, veo normal que haya ese frenesí y deseo al principio, pero es lógico que conforme la relación se vaya asentando no tengamos esta exageración de sexo que tenemos ahora —le dije mientras estábamos tumbados en la cama del hotel y nos mirábamos a los ojos.

—Ya, pero es que con antiguas parejas ha habido épocas que me pasaba meses teniendo sexo sin ganas y lo hacía por compromiso. Contigo eso no me ocurre ni sé si me ocurrirá, pero me atormenta pensar que podría perderte por tener periodos donde yo no quiera tener sexo y tú sí —afirmó ella.

—Bueno, si eso ocurre, ya buscaremos una solución, ahora no le des más vueltas. Además, si tienes alguna época de muy bajo deseo, no habrá problema, al tener una relación abierta —le insistí, tratando de quitarle hierro al asunto.

—Yo me quedaría más tranquila si supiera que tienes alguna *follamiga* —me replicó ella.

—Pero es que yo no tengo ganas de conocer a nadie ahora mismo —le contesté.

—Vale, me quedo más tranquila habiéndolo hablado —concluyó mientras me abrazaba.

Yo no le di especial importancia a la conversación, no era algo que me preocupara. Sin embargo, me provocó muchísimos dolores de cabeza tan solo unos días más tarde.

A la vuelta de Francia, tras muchos besos, nos despedimos y Olga se marchó a su casa. Al día siguiente, estando de relax tumbado en la cama, se me ocurrió entrar en Tinder e hice *match* con una chica del pueblo de al lado de mi casa. Parecía bastante guapa por las fotos y además era muy simpática, hacía *crossfit* como yo y parecía que teníamos bastantes cosas en común. Enseguida me propuso quedar en persona para tomar un café, lo cual me gustó mucho porque vi que tenía iniciativa y las ideas claras.

Llegué al lugar de la cita y, conforme me acercaba, vi a una chica bastante pequeñita apoyada contra una farola. Pensé: «¿Será ella?». Por las fotos parecía más alta y corpulenta. Sinceramente, me gustó mucho a primera vista y me pareció muy guapa. La cita transcurría muy bien, noté mucha química desde el primer momento. Me contó que tenía dos hijas y, cuando me dijo sus nombres, me caí de culo, porque una de ellas se llamaba igual que mi hija. Laia también era liberal y frecuentaba locales *swingers* de vez en cuando con algún amigo o amiga. Estuvimos hablando durante muchas horas y entonces se me ocurrió mirar el móvil. Tenía varios mensajes de Olga desde hacía más de dos horas.

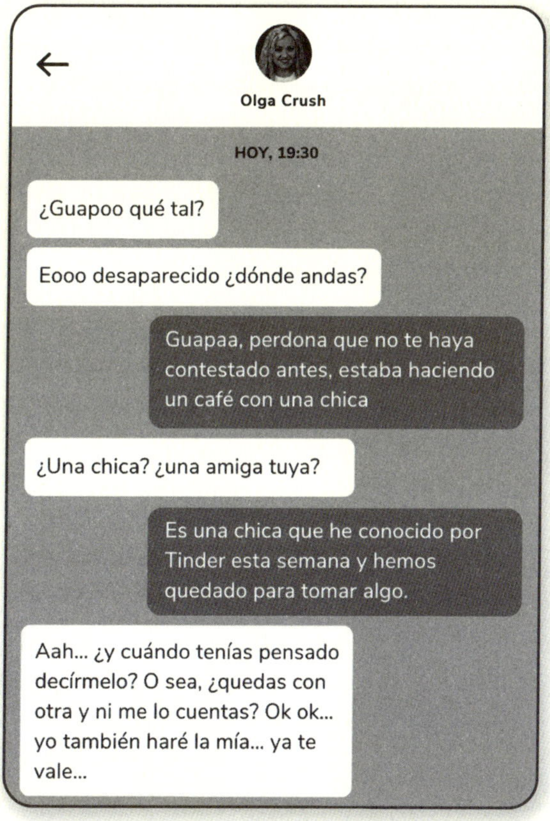

—¿Te pasa algo? —me preguntó Laia, sorprendida—. Te ha cambiado la cara de golpe cuando has mirado el móvil.

—Sí, la verdad es que he leído algo que me ha dejado bastante descolocado. Si me disculpas, tengo que hacer una llamada urgente, ahora te lo explico todo —le dije mientras me levantaba de la mesa y me iba a un rincón más apartado para llamar a Olga.

—¿Qué quieres? —contestó Olga al teléfono, notablemente enfadada.

—A ver, cari… no entiendo nada. El otro día en Francia me dijiste que estarías más tranquila si yo tuviera una *follamiga* ¿a qué viene este enfado ahora? —le pregunté bastante desconcertado.

—Sí, y me contestaste que no querías conocer a nadie ahora mismo, pero de golpe me encuentro con que has quedado con otra a mis espaldas sin tan siquiera avisarme. Yo pensaba que estarías en tu casa haciendo tus cosas, pero resulta que estás en una cafetería ligando con otra —dijo mientras se le rompía la voz—. No entiendo por qué no me has avisado de que ibas a quedar con ella y por qué el otro día me dijiste que no querías conocer a nadie más. —Su tono era de enfado y decepción por igual.

—Tenía pensado contártelo cuando nos viéramos, no era mi intención ocultártelo. Por eso cuando me has preguntado qué hacía te he dicho dónde y con quién estaba.

Empecé a pensar que la había cagado bastante al no decírselo antes de la cita para cerciorarme de que a ella le parecía bien. Sinceramente, antes de la cita había pensado que debía decírselo a Olga, pero decidí no hacerlo porque no me atrevía. Se me hacía muy violento mandarle un mensaje a mi novia y decirle: «Oye, esta tarde he quedado con otra».

—No me parece mal que conozcas a otras chicas, pero siempre lo hablamos todo antes de hacer algo. No entiendo que quedes con otra y ni me lo digas. ¿Dónde queda la comunicación de la que siempre hablamos?, ¿a qué viene esto ahora? Mira, da igual, ya el finde cuando nos veamos lo hablamos, pero no me esperaba esto de ti —me colgó sin poder darle una respuesta.

Capítulo 10
Poliamor

Le colgué el teléfono muy enfadada. Me sentía traicionada, sí. Es cierto que yo le había propuesto que se buscara alguna amiga con la que tener relaciones sexuales de forma esporádica para sentirme libre de tener sexo o no con él, sin presiones.

Llevábamos un tiempo en una relación *swinger* y cada vez veíamos más claro que el intercambio de pareja no estaba hecho para nosotros. Tras conocer varias parejas y perder mucho tiempo en aplicaciones hablando con perfiles falsos o gente que no tenía las ideas claras, decidimos con el tiempo abrir nuestra relación y pasar a ser liberales. Por aquella época, yo no tenía muchas ganas de conocer a nadie, pero a Sergio sí lo veía más predispuesto. Por eso le había insistido en que tuviéramos citas por separado; sabía que necesitaba un tiempo para mí sola y que más adelante volverían a surgirme las ganas de conocer a otra persona. Sin embargo, me pilló muy desprevenida que tuviera una cita a los pocos días y sin avisarme. Además, me dijo que no quería conocer a nadie más, así que no estaba preparada para aquello, y me supuso un *shock* bastante grande.

Conforme mi enfado fue amainando y empecé a asimilarlo, la tristeza se apoderó de mí. Apagué el teléfono, me metí en la cama abrazando a mi perrita Kimba y me quedé dormida entre lágrimas.

Me desperté con los primeros rayos de sol entrando por mi ventana. Me había llevado tal disgusto el día anterior que no me había acordado ni de bajar la persiana antes de quedarme dormida. Tras prepararme un té verde y un café con mucha espumita, empecé a reflexionar sobre lo ocurrido. Sin duda, Sergio no había actuado con mala fe, ya que de haberme querido ocultar algo no se hubiera preocupado en decirme que estaba con aquella chica cuando le pregunté. No obstante, eso no lo excusaba de haberme avisado antes de quedar con ella. ¿Es qué todavía no confiaba suficientemente en mí? Después de todo, la semana anterior lo había pasado mal por mi culpa, así que tal vez nuestra complicidad se había visto afectada.

Por otra parte, me di cuenta de que yo había decidido tener una relación abierta por voluntad propia y que ni él ni yo habíamos recibido un manual de instrucciones de cómo debíamos hacer las cosas. Estábamos aprendiendo sobre la marcha a base de ensayo y error, así que debía asimilar que me iba a encontrar más situaciones como aquella, que me sacaran de mi zona de confort, y que la solución siempre es el diálogo, no el enfado.

Respiré hondo y cogí el teléfono para enviarle un mensaje a Sergio con el fin de preguntarle cómo había ido con aquella chica. Estaba muy nerviosa por su cita y me moría de ganas por saber más.

¿Se habrán besado? ¿Le gustará más que yo? ¿Seguirá enamorado de mí? Un sinfín de preguntas desfilaba por mi cabeza a la velocidad de la luz, no podía esperar más. Tenía que hablar con él.

En cuanto encendí mi teléfono, pude ver que tenía cuatro llamadas perdidas suyas y varios mensajes en los que me pedía perdón. Le escribí dándole los buenos días y diciéndole que mi reacción tampoco había sido la más acertada. Aunque estaba dolida, quería verlo en persona para hablarlo todo tranquilamente, así que lo llamé:

—Claro que sí, esta misma tarde voy a tu casa, si quieres, y lo aclaramos todo —dijo con voz seria.

—Vale, nos vemos aquí —le contesté en un tono seco y firme. En el fondo quería preguntarle mil cosas, pero cuando me siento indefensa suelo hacerme la dura. Además, no quería actuar como si no hubiera pasado nada sin antes hablar bien las cosas.

Unas horas más tarde, llamó a mi timbre y, a diferencia de la última vez, que lo eché a gritos, esta vez fui corriendo a abrirle la puerta entre nerviosa y muerta de ganas de verlo, pero con un miedo terrible que me recorría todo el esqueleto, por haberme mostrado demasiado dura con él otra vez.

Allí estaba frente a mí, con su pose de chulo, mirándome con cara seria. No pude evitar darle un abrazo. Racionalmente quería hacerme la dura, cantarle las cuarenta y mantener un diálogo maduro con él. Sin embargo, mis emociones me estaban golpeando con dureza mientras me susurraban al oído: «Abrázalo, bésalo, dile que lo amas y que te vuelve loca cada vez que saca su ego».

Sergio siempre ha sostenido que el ego es algo valioso y que forma parte implícita de su personalidad. A día de hoy, muchos divulgadores y grandes filósofos a los que admiramos consideran que debemos reducir o eliminar nuestro ego. A Sergio le fascina ese tema y se pasa el día leyendo y consumiendo contenido relativo a este, pero su conclusión va a contracorriente: aunque él también considera el ego un demonio, un monstruo hambriento y sediento de sangre que vive dentro de nosotros y que quiere arrasar con el mundo (motivo por el cual grandes filósofos abogan por matar a esa fiera para poder vivir en paz), Sergio hace exactamente lo contrario: lo alimenta, lo cuida y lo entrena para que su ego sea el demonio más poderoso del infierno, el más grande y el más temible.

Pero esa quimera no la quiere desatada y campando a sus anchas arrasando con todo a su paso, sino todo lo contrario: cuanto más grande es su ego, mayores son la correa y el bozal que le pone. No quiere verse dominado por esa bestia del inframundo. Por lo tanto, él es quien tiene el control; el ego es su siervo, un súbdito que acata sus órdenes.

Sergio considera que si alguien te agrede lo mejor es poner la otra mejilla, pero, para poder hacer esto, primero debes ser muy superior al agresor, ya que de lo contrario no estarás poniendo la otra mejilla, simplemente te estarás rindiendo porque eres inferior. Si tienes armas y no haces la guerra, eres un pacifista; si no tienes armas, no eres pacifico, simplemente eres inofensivo.

Evidentemente, son ejemplificaciones bastante vistosas que sirven para entender el mensaje, pero esto se aplica a todos los ámbitos de la vida. Sergio, por ejemplo, es un chico que liga con gran facilidad, os lo puedo asegurar; lo he visto decenas de veces, y más ahora desde que somos superconocidos. Por eso, a día de hoy, él puede elegir en todo momento con quién quiere entablar una relación. Gracias a ello, no tiene dependencia de sus parejas (o mejor dicho, de sus vínculos), lo cual contribuye a generar un apego seguro, y de este modo la relación es más sana para todas las partes.

También tiene recursos económicos, por eso puede decidir con quién trabaja y el tipo de acuerdo al que llegan. Es libre en todos los ámbitos de su vida, lo cual le hace ser más feliz, y eso se transmite a aquellos que lo rodean. Además, dispone de una espléndida forma física, por lo que, si alguien quisiera agredir físicamente a una persona a la que él ama, él podría defenderla. En definitiva, Sergio tiene poder y lo utiliza para hacer el bien. Por lo tanto, vivir sin ego implicaría renunciar a ese poder.

Además, mediante trabajo de introspección y observación de sí mismo, analiza qué le pide su ego y satisface esas necesidades, pero siempre manteniéndolo bajo control. Así puede ser una persona de alto valor para todo su círculo cercano.

—Te odio —le dije mientras me mordía el labio inferior y me hacía la coqueta.

No fue necesario decirle nada más, nuestras miradas hablaron por sí mismas. Me cogió con firmeza de mis rizos y tiró de ellos obligándome a inclinar mi cabeza hacía atrás, para dejar mi cuello al descubierto y clavarme los colmillos. Mientras me mordía, deslizó sus manos por debajo de mí ropa. Una mano me agarraba el culo mientras la otra me tocaba el pecho. Dejé que el deseo me consumiera, mientras su cuerpo y el mío se fundían una vez más.

No obstante, mi lado más dominante necesitaba recordarle que se había portado mal, así que lo llevé al comedor de mi casa y poco a poco fui quitándole la ropa. Lo senté en una silla con la promesa de una felación, pero, una vez lo tuve justo donde quería, le esposé las manos, le vendé los ojos y saqué un pequeño látigo de flecos rojo. Empecé a acariciarle el pecho con el cuero de forma suave y delicada. Completamente desnuda, me senté sobre su pierna frotando mi vulva por su muslo para que notara lo mojada que estaba a la vez que le mordía la oreja, y le anuncié que en aquel momento era mi esclavo y que iba a recibir el castigo que se merecía.

Empecé a azotarlo lo más flojo que pude, pero, a cada latigazo que le daba, más cachonda me ponía, más empoderada me sentía y, sin darme cuenta, acabé azotándolo repetidamente con todas mis fuerzas. Pese a sus gritos, estaba disfrutando mucho y en ningún momento me pidió que parara, así que proseguí. Su pene estaba duro y mojado y yo no aguantaba más las ganas, así que, sin desatarlo y con los ojos todavía vendados, me senté sobre él y empecé a cabalgarlo mientras me frotaba a mí misma el clítoris. No tardé ni cinco minutos en tener un orgasmo.

Sergio se había quedado con ganas de más, así que le quité la venda, le mordí el labio mientras lo miraba fijamente a los ojos y, sin apartar mi boca de la suya, le susurré:

—Y hasta aquí el polvo de hoy. Yo he tenido un orgasmo brutal, así que te dejo a medias como castigo —le dije con una sonrisa pícara.

—Sí, hombre, no serás capaz —tanteó él con otra sonrisa.

—Por supuesto, y te prohíbo que te masturbes hasta mañana —le dije mientras me ponía las bragas para que se diera cuenta de que realmente habíamos terminado de tener sexo.

No lo desaté hasta que acabé de vestirme por completo. Me daba mucho morbo saber que iba a pasarse todo el día cachondo pensando en mí. Además, poder dominar así a Sergio no es algo que él me permita hacer habitualmente, ya que en la cama él es casi siempre quien lleva la voz cantante. Pero aquel día disfruté mucho siendo yo la que tenía el control. Además, fue nuestra primera experiencia BDSM; parte de la sesión había consistido únicamente en azotarle con el látigo, y aquella experiencia tan nueva para mí me encantó y me dejó con ganas de conocer más sobre tan fascinante práctica.

El maravilloso mundo BDSM abarca un conjunto de prácticas sexuales que se realizan de forma consensuada y previamente pactada por todas las personas que deciden participar. Sus siglas significan «*bondage*, dominación, sumisión y masoquismo». Nosotros no somos expertos en la materia, aunque siempre que vamos a un local acabamos metidos en la mazmorra. Poco a poco nos estamos introduciendo en ese universo de dolor y placer.

Existe una relación bastante directa entre nuestros puntos de angustia y de placer debido a la liberación de dopamina. Y es que, cuanto más intenso sentimos el dolor, la angustia o el miedo, más dopamina liberan nuestros centros de placer. Es la misma razón por la cual nos gustan tanto las películas, los videojuegos o los libros de terror.

Por lo tanto, hay dolores físicos que confundimos con el placer, el típico «duele, pero me gusta», o cuando llegamos al orgasmo y nuestra expresión facial es prácticamente la misma que al recibir un golpe intenso. Esto también explica por qué podemos engancharnos al sufrimiento emocional (a parejas destructivas o tóxicas), ya que, al activarse las mismas áreas cerebrales, se provoca un entrecruzamiento de información, donde el dolor crea una señal de placer: la base del masoquismo.

Debido al riesgo evidente que conlleva esta clase de prácticas, y con tal de no romper el rol y la atmósfera del juego, es muy importante definir una palabra de seguridad, por si en mitad de la sesión el dolor es excesivo y se desea parar o bajar la intensidad sin usar palabras como «para» o «no puedo más», que entrarían dentro del propio juego. Nosotros, por ejemplo, usamos como palabra de seguridad «amarillo», ya que se trata de una palabra fácil de recordar y es evidente que no se va a usar por accidente dentro de la sesión.

Después de aquel polvazo, volví a la Tierra. Una inmensa preocupación se apoderó de mí una vez más. Necesitaba saber por qué Sergio había quedado con aquella chica sin decírmelo y también quería conocer sus intenciones con ella. Me giré hacia él en la cama, le pasé una pierna por encima y cogí aire para soltarle la pregunta:

—¿Me puedes explicar por qué no me dijiste que tenías una cita? —le pregunté con un aire de decepción disimulando la impaciencia que llevaba por dentro.

—Mira… lo siento mucho. Sé que actué fatal. Te quiero mucho y no quiero perderte. Pensé que si te lo decía por teléfono quizá se iba a malinterpretar, y decidí esperar a verte en persona para contártelo todo —confesó bastante nervioso.

—Mientras tú habías quedado con ella, yo estaba en mi casa pensando que estarías jugando a la consola, o haciendo *running*… Me imaginaba de todo menos eso. No me lo esperaba, la verdad, fue un *shock* para mí. Pensaba que habíamos dejado claro que nos lo contaríamos todo. Yo prefiero que…

—Sí, sí... lo sé —me interrumpió—. Me ha quedado clarísimo que tú quieres saberlo antes, para no imaginarte que estoy, por ejemplo, en mi casa o en el parque con los niños, cuando resulta que en realidad estoy conociendo a una chica. Te entiendo perfectamente, no lo hice para fastidiarte, pero es que la situación me resultaba muy incómoda —anunció él cogiéndome la mano y tratando de disculparse con la mirada.

—Bueno, yo creo que mi reacción es totalmente comprensible. Fue un jarro de agua fría. Además, tu comportamiento me hizo llegar a pensar que quizá habías tenido más citas y no me lo habías contado —comenté muy triste.

—Que va, cariño. Eso sí que no. Jamás he tenido ninguna cita que tú no sepas y, además, pensaba explicarte la de Laia en cuanto nos viéramos en persona. Es solo que todo esto también es nuevo para mí y decirte por el móvil «*hey*, que hoy tengo una cita con otra» me resultaba superviolento, por eso pensé que era mejor decírtelo en persona. Pero, cuando me preguntaste en mitad de la cita que dónde estaba, tampoco quería mentirte y por eso te lo dije —proclamó mirándome a los ojos con mucha seguridad en sus palabras.

—Vale, te creo y en parte me quedo más tranquila, pe... pero... —titubeé. No sabía cómo decírselo.

Mi cabeza iba a mil por hora, pero no encontraba las palabras adecuadas para expresarle cómo me sentía. Tenía muy claro que deseaba su libertad por encima de todo y no quería privarle de conocer a Laia, si él estaba ilusionado con ella. Sin embargo, mi confianza en él después de aquel suceso estaba por los suelos y no sabía si sería capaz de seguir teniendo una relación con él sin pasarlo mal cuando no estuviéramos juntos.

Un sinfín de inseguridades se apoderó de mi cabeza. Me sentía pequeñita y vulnerable. Quería preguntarle si había sentido algo tan fuerte con aquella chica como para tener intención de dejarme y tirar por la borda todo lo bonito que habíamos construido, pero a la vez no estaba preparada para recibir la respuesta. También quería hacerme la fuerte para no mostrarme indefensa ante él y perder la falsa sensación de control que tienes cuando crees que «nada te afecta» y «puedes con todo».

Sin embargo, volví a reunir fuerzas y le formulé la pregunta que tanto me llevaba perturbando:

—¿Te gusta más que yo esa chica? —le lancé.

—¿Qué dices? Para nada —proclamó sin dudarlo un segundo.

—¿Seguro? Entonces, ¿estamos como siempre? —le pregunté impaciente. Necesitaba escucharlo de su propia boca y que me lo repitiera mil veces para creérmelo y quedarme tranquila.

—Por supuesto, amor. Es más, estamos mejor que nunca, porque, después de haber atravesado este bache y conocerla, me he dado cuenta de que, aunque llegue a conocer a personas que me gusten y más o menos encajen con mi estilo de vida, el amor y la conexión que siento por ti sigue estando muy por encima de todo eso —replicó él, muy seguro de todas sus palabras.

Sinceramente, después de aquella conversación me quedé mucho más tranquila. Sabía con creces que, pese a haber quedado con Laia, que resultaba obvio que le gustaba, seguía muy enamorado de mí y no quería perderme bajo ningún concepto. Ambos teníamos la posibilidad de irnos con otras personas. Sin embargo, una vez más, elegimos seguir juntos queriéndonos y respetándonos.

—Bueno, cariño, pues ahora ya me siento muchísimo mejor, la verdad es que me he quedado más tranquila. Agradezco la conversación que hemos tenido —le confesé ya más sosegada.

—Cuánto me alegra que así sea. Te pido perdón por no haberme comportado bien contigo. Todo esto es muy nuevo para los dos y estamos aprendiendo. No es fácil cambiar los modelos relacionales que habíamos llevado hasta ahora y, a veces, no sé qué es mejor. Pero he aprendido que es más sano para nosotros si nos lo contamos todo y no nos ocultamos nada —anunció Sergio.

—Pues sí, tienes toda la razón, justo iba a decir eso. Yo quiero saber si estás conociendo a una chica y si vas a quedar con ella. Prefiero saber la verdad que dejar que mi imaginación invente cosas que no existen. Lo que no sé es si tú también quieres saberlo. —Me callé, esperando impaciente su respuesta.

—Por supuesto que sí. No quiero que haya secretismos entre nosotros. Además, me pongo en tu situación y, si en un futuro estás conociendo a alguien y quieres quedar con él, yo prefiero saberlo todo —dijo, convencido de sus palabras.

Una vez más, estábamos de acuerdo en que lo mejor era mostrarnos transparentes el uno con el otro y no ocultarnos nada. A mí me pareció genial, me encantaba aquella faceta nuestra tan bonita de mejores amigos y confidentes que se cuentan sus ligues, y además... ¡siendo pareja estable!

¿Sabes eso de que tu pareja tiene que ser tu mejor amigo? Pues nosotros lo llevamos a la práctica mejor que nadie. Cuando estamos a solas y hacemos planes juntos, siento que Sergio es el amor de mi vida. Pero, cuando tengo una cita o estoy conociendo a alguien, siento que Sergio es mi mejor amigo.

Sabemos gestionar nuestras emociones y tenemos un grado de confianza muy elevado. Disfrutamos de la sensación de ser mejores amigos y, a la vez, nos amamos con locura. Eso no solo es superbonito, sino que estrecha muchísimo nuestros lazos.

Pasaron los días y Sergio decidió no seguir conociendo a Laia. Le había gustado un montón y la cita salió genial, pero prefirió centrarse en mí y hacer todo lo posible por fortalecer la relación. Era consciente de que no había actuado bien y quería remediarlo. Si algo teníamos claro era que, para conocer a otras personas, lo más importante era estar bien el uno con el otro. Además, el mejor momento para abrir una relación es cuando está más fuerte y ambas partes se sienten preparadas, no cuando hay crisis o problemas.

Las personas solemos cometer el error de buscar remedios externos en casi todo. Esto de echar balones fuera nos encanta, pero tiene sus consecuencias, y Sergio lo sabe muy bien. Estuvo trece años con la misma persona, se casaron y tuvieron dos hijos. Fueron unos años de lo más bonitos para él y conserva un muy buen recuerdo de todo lo vivido junto a su ex. Sergio no se arrepiente de absolutamente nada de lo que construyó con ella, pero sí hay una cosa que considera que podrían haber hecho mejor: no tener su segundo hijo cuando la relación se tambaleaba. Cometieron el típico error de pensar que un hijo lo solucionaría todo, pero no ocurrió así.

Cuando todavía estaba con su ex, ya en la etapa final de su relación, pasaron por una crisis bastante fuerte en la que estuvieron a punto de dejarlo y creyeron que su segundo hijo los uniría. Paradójicamente, cuando estás pasando un mal momento con tu pareja es cuando más tiempo debéis dedicaros el uno al otro. Y, por ejemplo, tener un hijo, o abrir la relación, conlleva escurrir el bulto, pero no corta los problemas de raíz. A la larga, eso acaba pasando factura, y así le sucedió a Sergio. Por eso sabíamos muy bien que, si habíamos pasado por una pequeña crisis en nuestra relación, la solución era sentarnos a hablar desde la total sinceridad y pasar mucho tiempo juntos. Así que Sergio decidió centrarse al cien por cien en lo nuestro y no seguir conociendo a Laia para asegurar que nuestros pilares fueran fuertes y resistentes.

Decidimos cerrar la relación y pasamos varios meses bastante centrados en mimarnos y querernos mucho. Queríamos pasar hasta el último segundo del día el uno con el otro, así que nos fuimos a vivir juntos y seguimos focalizados en nuestra empresa de nutrición, deporte y gestión emocional.

La relación se hizo fuerte como una roca y entonces decidimos volver a abrirla, como *swingers*, igual que antes de cerrarla. Es decir, teníamos algún encuentro esporádico sexual con otras parejas, estando los dos presentes y sin involucrar sentimientos. Por lo tanto, pactamos la exclusividad afectiva en la relación; conocíamos a otras parejas, pero solamente en el ámbito sexual. Jamás quedábamos por separado, ya que así podíamos pasar más tiempo juntos y disfrutábamos compartiendo aquellas experiencias sexuales los dos a la vez.

No obstante, nuestra relación, al ser abierta, cambia y evoluciona con el tiempo. Está viva. Por lo tanto, pasados unos meses comencé a sentir que necesitaba algo más en mi vida. Los encuentros estaban bien, pero, después de haber cumplido varias fantasías con otras parejas, sentía que quería algo más. Y a Sergio también le pasaba lo mismo; nos sentíamos muy fuertes como pareja y nuestro grado de confianza había aumentado muchísimo, así que decidimos dar un paso más allá.

Queríamos conocer a personas que conectaran con nuestro estilo de vida, en definitiva, queríamos crear más vínculos afectivos y que nuestras interacciones no solo se limitaran al plano sexual.

Hubo una fiesta en concreto que marcó un antes y un después en nuestras vidas, sobre todo en la mía. Nos habían invitado a asistir a una fiesta privada superexclusiva en un castillo precioso y muy elegante. Era una fiesta en *petit comité* en la que había muy pocas personas, en total éramos seis parejas (contándonos a nosotros dos), lo cual propiciaba un ambiente muy cercano ideal para conocernos todos en profundidad.

Al llegar al imponente castillo y conocer a los asistentes, vimos que quizás no encajábamos en el perfil, ya que la media de edad era de diez a quince años superior a la nuestra. No obstante, pese a ser personas mayores que nosotros, en general estaban todos de buen ver, eran personas que se cuidaban.

Lejos de los fríos locales de intercambio, donde muchos solo buscan echar un polvo sin mediar palabra, allí se respiraba un aire de amistad y colegueo. Conforme fue avanzando la noche, comenzamos a jugar entre nosotros mediante pruebas de lo más inocentes para ir rompiendo el hielo poco a poco. Cada vez se respiraba mayor complicidad y buen rollo; algunos de ellos se disfrazaron e improvisaron una pequeña escena de teatro muy graciosa. Todo ello hizo que nos sintiéramos más relajados y cómodos. Pasadas unas horas, a algunos ya les comenzó a sobrar la ropa y empezaron a follar por todas partes.

Aunque me lo estaba pasando muy bien, no me sentía atraída sexualmente por ninguno de los hombres allí presentes. Sergio se apoyó contra una mesa de billar y me dirigí hacia él. Tan solo con mirarnos a los ojos una milésima de segundo, supimos al momento que habíamos pensado lo mismo: nuestra fantasía pendiente de Francia por fin iba a hacerse realidad.

En aquel mismo instante, una brasileña despampanante pasó por delante de Sergio y ambos se intercambiaron una mirada de complicidad mientras ella caminaba hacia una habitación privada. Sergio se inclinó hacia mí.

—Me encanta esa chica, he estado hablando con ella durante la cena y he sentido que había química entre ambos —me susurró al oído—. ¿Te parecería bien si me lío con ella o prefieres que me quede aquí contigo? —me preguntó.

—Por mí no te cortes, ve con ella y pásatelo bien. A mí me gustaría ver cómo os liais entre vosotros. Y, como mucho, me masturbaré viéndoos. —A decir verdad, era una mujer preciosa y la idea de ver a Sergio me daba mucho morbo.

Entramos en la habitación, donde ella se había tumbado sobre una cómoda cama mientras un hombre le daba un masaje. Al vernos en la puerta, nos invitó a pasar. Acto seguido, le pidió al hombre que nos dejara a solas.

Sergio se acercó a ella para darle un masaje mientras yo me había colocado en un lado de la cama para verlos. Su brillante piel morena infundía una especie de magnetismo tan fuerte sobre mí que, cuando me di cuenta, me había dejado llevar completamente por mis impulsos y estaba acariciándola. De hecho, al poco rato empecé a masajearla junto a Sergio; y cuando noté que mis bragas empezaban a estar húmedas, me tumbé sobre ella para besarla apasionadamente mientras él nos miraba perplejo.

Era suave y hermosa y su olor me embriagaba. Besaba de escándalo y me moría de ganas por tener relaciones con ella. Me estaba dejando llevar sin pensar en lo que allí estaba ocurriendo. Simplemente, me dejé guiar por mi deseo.

Me desnudaron entre los dos, ella bajó su cabeza hasta mis ingles y empezó a chupármelo, lo hacía de escándalo. Al mismo tiempo, Sergio me besaba y me masajeaba los pechos. Unos minutos después, le propuse a la mujer que hiciéramos un sesenta y nueve: era la primera vez que tenía una vulva en mi cara y lo cierto es que me encantaba. Se la chupé tan apasionadamente que Sergio se apartó para dejarnos un tiempo de intimidad a las dos y aprovechó para masturbarse mientras se deleitaba con la escena.

A continuación, ansiábamos más, así que nos abrimos de piernas y juntamos nuestras vaginas, haciendo la típica pose de la tijera para frotar nuestros clítoris con frenesí. El placer y el morbo se intensificaron cada vez más y yo me dejé guiar. Me encantaba que ella fuera la experta y llevara la voz cantante, eso me generaba admiración y me excitaba muchísimo.

Jamás había tenido sexo lésbico y lo cierto es que me gustó tanto o más que hacerlo con un hombre. Con decisión, me cogió de la cadera y me puso a cuatro patas, tiró firmemente de mi pelo y me pegó unos cuantos azotes para seguidamente masturbarme y provocar en mí un intenso orgasmo.

Cuando terminé de gemir, Sergio nos propuso a ambas salir de la habitación para buscar otros lugares de aquel lujoso castillo en los que seguir dándonos placer. Nos pareció bien. Salimos los tres completamente desnudos y fuimos directos a la mesa de billar. Me tumbé sobre ella. Apoyé mis pies descalzos encima del tapiz con las rodillas flexionadas. La chica se colocó frente a mí y se inclinó para besarme mientras nos masajeábamos los pechos mutuamente. Entre besos apasionados, comenzó a acariciar mi clítoris de nuevo. Sergio, que esta vez no quería quedarse fuera de la ecuación, la empezó a penetrar desde atrás. Yo estaba cachondísima, me ponía un montón ver cómo Sergio la penetraba al mismo tiempo que ella me daba placer. Sabía muy bien cómo estimularme y al poco rato tuve otro orgasmo; uno de los más dulces que he sentido nunca.

Ni por un momento me paré a pensar en lo que estaba haciendo, simplemente me dejé llevar. De haberlo hecho, estoy convencida de que mi miedo a no ser heterosexual me hubiera frenado. A partir de aquel día pude reconocer, por fin, que soy bisexual y que me encantan las mujeres.

El fin de semana lo pasamos creando vínculos de calidad con las parejas del castillo y empezamos a darnos cuenta de que preferíamos conocer a personas y conectar con ellas en un ambiente más relajado, fuera de los clubs y locales de intercambio, alejándonos así del sexo vacío.

El hecho de evolucionar, también a nivel personal, hizo que cada vez valoráramos más el tiempo que pasábamos con otra gente y nos volviéramos más selectivos. Ya no veíamos a los demás como personas con las que acostarnos, sino que buscábamos entablar relaciones sentimentales. Aquello hacía que tuviéramos más en cuenta la parte psicológica y no tanto la física, pese a que también nos importa. Ambos sabíamos perfectamente que, cuando una persona vibra en tu misma onda y llegas a admirarla por su inteligencia, su grado de desarrollo y su sentido del humor, el sexo con ella es brutal y no tiene nada que ver con un *pinchito* de una noche.

Así que, tras varias experiencias (unas muy buenas y otras no tanto), decidimos que había llegado el momento de confiar en el poliamor y abrirnos a la aventura, ya fuera juntos o por separado.

Escogimos aquel momento de la relación porque estábamos muy bien el uno con el otro y nos entendíamos a la perfección. Me sentía muy amada por Sergio, y él también sabía que yo lo quería con locura.

—Me parece genial lo de probar el poliamor, y creo que vamos a poder conocer a personas maravillosas —le dije a Sergio—. Además, últimamente nos estaba costando mucho aquello de encajar los cuatro para hacer un intercambio, ya que, cuando conocíamos a una pareja, la chica nos solía gustar bastante a ambos, pero el chico no acababa de ser mi tipo.

—Pues sí. Bajo ningún concepto me gustaría que hicieras algo con un chico solo por complacerme a mí, por mucho que a mí me guste la chica. ¿Lo sabes, no? —preguntó él con tono serio y firme.

—Sí, cariño, lo sé perfectamente. Por eso creo que es una gran buena idea que nos abramos al poliamor y tengamos más flexibilidad en nuestra relación. De esta forma, yo sé que podrás conocer a alguna chica que te guste, y no os veréis condicionados por si a mí me cuadra o no su pareja —afirmé, muy segura de mis palabras.

—Me parece estupendo. Tengo que reconocer que me da un poco de miedo que conozcas a alguien que te haga sentir más que yo, porque dar el paso de abrir nuestros sentimientos es muy bestia, pero creo que nos ayudará a crecer y a evolucionar mucho más como personas. El concepto *swinger*, intercambio de parejas, últimamente ya no resuena con nuestra filosofía de vida. Ambos necesitamos crear vínculos más profundos con otras personas para disfrutar de la experiencia de conocer a alguien más y, cómo es lógico, de tener sexo consciente y no echar polvos vacíos —aclaró él.

—Estoy de acuerdo. Lo único que me asusta un poco es que sientas algo muy fuerte por alguien, te enamores de esa persona y acabes rechazándome, pues me destrozarías el corazón; el miedo de perderte lo tengo demasiado presente. Pero, bueno, si una relación no se cuida, puede acabar en cualquier momento, ya sea abierta, poliamorosa o monógama. Yo seguiré poniendo todo de mi parte para que nuestra bonita relación funcione —añadí muy convencida.

—Lo mismo por mi parte, cariño. No lo olvides ni por un segundo, te amo con locura. Sería perfecto que los dos conociéramos a una tercera persona, bisexual, que quisiera estar con los dos. Es decir, que tuviéramos una trieja, por ejemplo —dijo sonriendo.

—¡Guau! Eso sería fantástico, así podríamos quedar los dos a la vez para seguir estando juntos y no restar tiempo a nuestra relación de pareja —repliqué superilusionada.

—La idea suena genial, ¿eh? Estoy seguro de que lo conseguiremos —añadió él.

—Pues sí. Además, no tenemos ninguna prisa. Te quiero un montón y eso es lo más importante. ¿Que aparece una tercera persona y nos llevamos guay? Pues perfecto, el tiempo dirá. Y si no aparece, pues no pasa nada, porque tengo clarísimo que quiero pasar toda mi vida contigo. Además, estoy convencida de que, aunque conozcamos a más personas, lo que siento por ti y la conexión tan bestia que tengo contigo no lo voy a vivir con nadie más a ese nivel —le confesé emocionada y con los ojos brillando de emoción.

—Me dejas sin aliento, te quiero mucho, cariño. Yo también siento lo mismo y agradezco un montón que te abras así conmigo. Sé que te cuesta mostrar tus sentimientos por completo porque a veces te sientes vulnerable, pero puedes estar tranquila, porque es mutuo y sé que vamos a estar muy bien —dijo él mientras me abrazaba.

Volvimos a sellar aquel bonito acuerdo de pareja con un largo y pasional beso.

Casualidades de la vida: al poco de haber mantenido aquella conversación, anunciaron una nueva fiesta privada liberal que sabíamos que iba a ser increíble. Ambos teníamos muchas ganas de asistir porque prometía ser una fiesta espectacular, pero la fecha coincidía con la de mi regla. Y, sinceramente, pasearme desnuda por allí en pleno sangrado no era algo que me sedujera, así que decidí no asistir. Sergio aseguró que, si yo no podía ir, él tampoco iría, pero yo sabía que en el fondo se moría de ganas. Así que le insistí en que fuera él solo o que buscase a alguien con quien ir a disfrutarlo.

—¿Y si se lo dices a Laia? Últimamente habéis vuelto a hablar, ¿verdad? —Laia y Sergio seguían hablando por WhatsApp desde hacía algún tiempo.

—Bueno, suena bien. Al final, se nos quedó en el tintero conocernos más, y sé que es una chica con quién podría llegar a tener algo —admitió pensativo.

Se lo propuso y ella aceptó enseguida. Empezaron a hablar muchísimo más e incluso tuvimos una cita los tres una tarde antes de la fiesta para conocerla en persona. La razón por la cual tuvimos aquella cita fue para ver si entre ella y yo saltaba la chispa. Me moría de ganas de conocerla porque Sergio me había hablado maravillas de ella y la idea de poder formar un trío amoroso me seducía mucho.

Por desgracia, no hubo química entre ambas. Incluso por un momento noté que ella se sentía celosa de mí, lo cual no me hizo mucha gracia.

Yo me sentía entre dos aguas: por un lado, me alegraba muchísimo que Sergio estuviera tan emocionado conociendo a Laia; pero, por otro, quería seguir con él toda la vida, y la mera idea de que pudiera llegar a sentir más por aquella chica que por mí y dejar de quererme me atormentaba.

Intenté ser lo más racional posible, sin dejar a un lado mis emociones. Es muy fácil decirlo, pero más complicado llevarlo a la práctica. Era muy consciente de que Sergio pasaría muchísimo tiempo con ella; primero hablarían y tomarían algo, más adelante acabarían besándose y yéndose a la cama. Sinceramente, no sabía si podría tolerarlo o si la situación se me quedaría demasiado grande, pero una vez más me lancé a la piscina. Creía en el poliamor y decidí que no iba a frenar aquellos sentimientos tan bonitos que Sergio estaba empezando a sentir tan solo por mis inseguridades y por mi miedo a perderlo.

Pese a que siempre he tenido la autoestima bastante baja y no he confiado mucho en mis capacidades, pensé que, si me enfrentaba a aquella situación tan incómoda, algo aprendería y saldría más fortalecida. Así que le dije a Sergio que quería hablar con él antes de que se fuera a la fiesta con Laia y le expliqué cómo me sentía.

—Cariño, yo me alegro muchísimo de que hayas encontrado a una chica tan afín a ti y por la que te veo tan ilusionado, pero hay una cosa que te quiero decir... —le confesé tras muchos minutos de darle vueltas y no saber cómo empezar.

—Dime, amor, ya sabes que conmigo puedes hablar de todo y que yo te voy a ser lo más sincero posible —respondió él con voz firme y serena.

—Llevo días dándole vueltas a que no sé si voy a ser capaz de llevar bien esta situación. O sea, mis sentimientos son muy contradictorios; por un lado, quiero que sigas quedando con ella y conociéndola, pues te veo muy ilusionado y eso hace que yo también sea feliz. Pero ¿qué pasa si te enamoras más de ella, empezáis a pasar mucho tiempo juntos y dejas de sentir por mí? —le pregunté muy angustiada y con la respiración acelerada.

—A ver, ricitos, está claro que el poliamor tiene ese factor de riesgo —confesó—, pero los sentimientos que yo genere hacia otra persona no entran en contradicción con lo que siento por ti. Puedo amar con todas mis fuerzas a Laia sin dejar que eso interfiera en los sentimientos que tengo hacia ti. No sois rivales en mi cabeza, ni se trata de una competición. Es evidente que con ella actualmente solo tengo una amistad, pero si con el paso del tiempo lo nuestro va a más y nos enamoramos, no permitiré que eso nos afecte negativamente. Es más, yo no podría enamorarme de alguien que perjudique mi relación contigo, eso me causaría rechazo hacia esa persona, ya que para mí tú eres mi vínculo principal, el amor de mi vida, y eso no quiero que cambie, pase lo que pase —zanjó, muy seguro de sí mismo.

Me dio un abrazo y un beso de esos que te dejan sin aliento, y todos mis miedos se esfumaron. Su respuesta me dejó mucho más tranquila, y su reacción final todavía corroboró más que no tenía por qué preocuparme. Sabía de sobras que mis miedos eran totalmente normales, por lo que no tenía que fustigarme por sentirlos, y además me reconfortó bastante poder decírselo y ver su reacción.

Al cabo de un tiempo descubrimos que el modelo relacional que habíamos pactado se denomina **poliamor jerárquico**.

Cuando existe una jerarquía, hay un vínculo principal al cual le rodean otros vínculos. En nuestro caso, Sergio y yo somos el vínculo principal, y las demás relaciones que nos rodean son personas muy importantes y muy especiales para nosotros. La diferencia más significativa

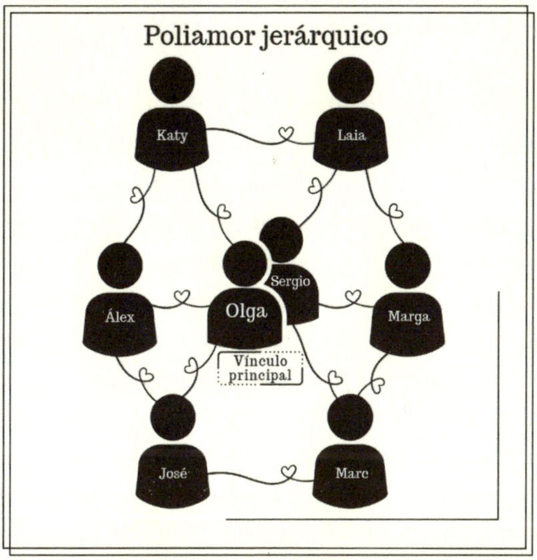

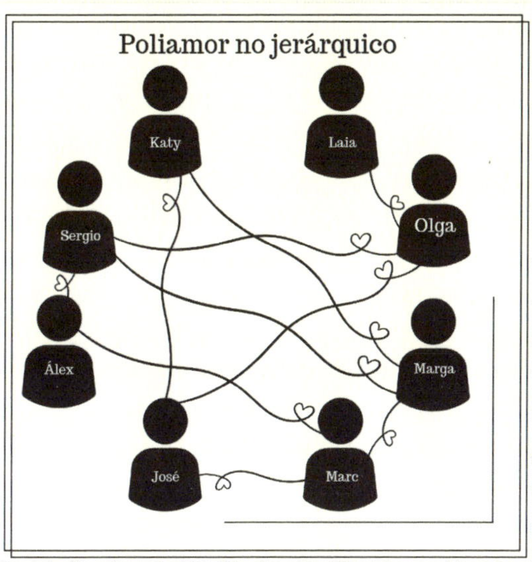

del vínculo principal con respecto al resto es que el vínculo principal lo tienes con quien decides compartir la vida, lo que incluye, por ejemplo, trazar planes de futuro, vivir juntos, tener hijos, comprar una casa, etc. Es decir, a día de hoy vivo con Sergio y me imagino toda mi vida con él. Tenemos planes de futuro muy a largo plazo y siempre juntos. Además, también me imagino teniendo otras relaciones afectivas y sexuales con otras personas, con las que podría salir a cenar, ir al cine, pasear por la montaña, ir a fiestas… Pero no concibo la idea de irme a vivir con ellas o tener hijos, por ejemplo, a no ser que pudiéramos enamorarnos los tres por igual y formar una trieja.

Por el contrario, en el poliamor no jerárquico no existe tal vínculo principal. Por lo tanto, todos los vínculos tienen la misma importancia y están en el mismo nivel de prioridades. Personalmente, nosotros opinamos que suena muy bonito, pero en la práctica nos parece extremadamente complicado. Aunque es un modelo relacional igual de válido que cualquier otro.

Yo encajo y me siento más identificada en el poliamor jerárquico porque la conexión, el amor y el grado de complicidad que tenemos Sergio y yo es muy fuerte. Por lo tanto, podemos sentir cariño o incluso amor, pasión, atracción y admiración por otras personas, pero Sergio sigue siendo mi prioridad número uno. Otro chico u otra chica me pueden atraer sexualmente mucho más que Sergio, por ejemplo. Sin embargo, no voy a elegir a esa persona tan solo por ese aspecto en concreto, ya que el global de lo que me hace sentir Sergio y de lo que representa para mí está muy por encima de todo lo demás.

Después de la conversación tan profunda que tuvimos, y tras conseguir poner en orden nuestras ideas y nuestro corazón, me quedé en paz conmigo misma. Cuando llegó el día de la fiesta, le deseé que se lo pasara muy bien y le di un largo y cálido beso de despedida.

Tengo que reconocer que me costó un poco coger el sueño aquella noche, pese a que estaba cansada. En el momento de cerrar los ojos, mi mente traía imágenes de los dos abrazados, besándose y yendo un paso más allá. No quería ser egoísta y cerrar la relación, así que intenté calmarme y esperar al día siguiente para que me explicara cómo había ido la noche.

Me desperté muy pronto, apenas eran las seis y media cuando abrí los ojos. Lo primero que hice fue mirar el móvil. Tenía un mensaje de Sergio:

«Preciosa, ha ido muy bien. Ha sido una de las mejores noches de mi vida. Estamos volviendo a casa, enseguida te veo. Te quiero».

En cuanto entró por la puerta le di un fuerte abrazo acompañado de un apasionado beso.

—Va, cuéntame: ¿cómo ha ido? —le pregunté impaciente.

—Ha sido una locura. Al principio la cosa estaba bastante fría e incluso no sabía si nos acabaríamos liando. Pero, al poco de llegar a la fiesta, nos pusimos a bailar y Laia empezó a insinuarse. En un abrir y cerrar de ojos estábamos desnudos liándonos sobre una mesa de la terraza. Nos hemos pasado toda la noche haciéndolo. Hemos tenido una conexión sexual arrolladora. Con los besos no acabamos de entendernos, ya que besa de una forma tan pasional que me descoloca, pero a la hora de hacerlo ha sido todo muy ardiente e intenso. Con Laia, follar es puro fuego —relató muy emocionado.

—Cuánto me alegro de que te lo hayas pasado tan bien. —No, no me alegré, me dolió, se me hizo un nudo en el estómago al escucharle decir que habían tenido aquella conexión sexual, nunca le había oído decir algo así de nadie, ni siquiera de mí.

Quería creerme mis propias palabras, pero se me hacía una bola imposible de tragar. Sentí un miedo terrible a perderlo, aquella chica follaba mejor que yo, a Sergio le gusta más hacerlo con ella que conmigo...

No, Sergio no había dicho eso, pero es lo que yo percibí por su tono y su entusiasmo, así que no podía quedarme así, necesitaba explicaciones.

—¿Es mejor que yo en la cama? ¿Te gusta hacerlo más con ella que conmigo? —le pregunté aterrorizada por dentro. Realmente, no sabía si quería saber la respuesta.

—¡Huy! ¡Qué va! A ver, no me malinterpretes, el sexo con ella ha sido muy bueno, pero no tanto como contigo. Son niveles distintos. O sea, en la cama Laia, como te he dicho antes, es puro fuego, superpasional e intensa, pero el grado de complicidad y conexión que tenemos tú y yo hace que disfrute más contigo. Además, tu forma de mover la cadera, el sexo oral... sin duda, me gusta más contigo. —Era justo lo que necesitaba escuchar en aquel momento, Sergio siempre es muy acertado.

—Menos mal, por un momento he pensado que te perdía —confesé mientras soltaba un suspiro.

—Bueno, hay una cosa que deberíamos hablar lo antes posible. —El corazón se me volvió a encoger—. A lo largo de nuestra vida, acabaremos conociendo a personas que follarán mejor que nosotros y con quienes inevitablemente vamos a disfrutar más, sexualmente hablando. Pero eso no perjudica ni lo más mínimo nuestra relación, ya que la complicidad y el amor que tenemos están por encima de echar un buen polvo —aseguró mirándome a los ojos.

—Tienes razón, yo tampoco te dejaría ni permitiría que algo así afectara nuestra relación —admití mucho más tranquila.

Tras aquella noche, Sergio y Laia empezaron a tener citas de forma recurrente e incluso pasaban días enteros juntos. Pese a que se llevaban extremadamente bien y disfrutaban mucho del sexo, Laia siempre parecía querer más y más de Sergio y excluirme a mí de su vida. Por eso, Sergio poco a poco se fue distanciando de ella y al final la relación se enfrió. Desde entonces, él se ha lamentado de que Laia no fuera capaz de verme como una amiga y de que, por el contrario, me considerara una rival a la que sustituir.

Al poco tiempo conocimos a una chica bisexual que nos encantaba a ambos y con la que tuvimos tres citas. La apodamos Katy, porque tenía muchos gatos. Por desgracia, una vez más me sentí muy rechazada. Era evidente que Katy también me veía como su rival y no como su posible «novia». Llegué a plantearme si la culpa era mía y si, en realidad, de forma inconsciente, era yo la que quería a Sergio solo para mí. Se lo comenté angustiada a él para que me diera su opinión sincera. Por suerte, estábamos de acuerdo en que era ella quien me estaba dando de lado mientras yo lo ponía todo de mi parte.

En mitad de la tercera cita, tras corroborar nuestras sospechas y ser rechazada por ella una vez más, me fui de su casa haciendo ver que estaba muy enfadada, en mi línea de tipa dura. Sin embargo, en cuanto salí por la puerta me puse a llorar como una magdalena, ya que me hizo bastante daño. Sergio también lo pasó bastante mal.

Capítulo II
Vínculos

Después de que mi relación con Laia se enfriara y del dolor que me causó el intento fallido de trieja con Katy, empecé a perder el interés por tener relaciones con otras chicas. Me desinstalé las *apps* de citas y, si bien seguía interesado en el poliamor, decidí que, como mucho, tendría sexo con otras personas en alguna fiesta. Aunque, sinceramente, no era una idea que me despertase especial interés en aquel punto de mi vida. Todo nos iba muy bien y nos encontrábamos en un momento muy dulce de la relación. Fue entonces cuando empezamos a viralizarnos en redes sociales y a ser bastante conocidos. Nos empezaron a seguir miles de personas por TikTok, Instagram, YouTube... y nos llamaban día sí, día también para programas de televisión y de la radio, periódicos...

—Después del chasco que nos llevamos con Katy, a mí no me han quedado ganas de conocer a nadie más —le dije a Olga mientras estábamos tumbados en el sofá mirando *Yellowjackets*, una serie para nada sádica y macabra (nótese la ironía).

—Ya ves... Y ya no hablemos de los tíos que me han hecho perder el tiempo por no saber lo que querían hacer con su vida —suspiró Olga.

Y es que Olga, desde que nos abrimos al poliamor, había tenido varios desengaños por toparse con personas que no iban de cara y la mareaban como a una peonza.

—Molaría que alguien diera fiestas con el objetivo de hacer amistades dentro del ambiente liberal y conocer a otras personas desde un punto de vista más emocional y no tan sexual —le comenté mientras le masajeaba los pies.

Basándonos en aquella idea, y tras recibir la llamada de varios locales *swingers* pidiéndonos que asistiéramos como imagen para promocionar sus clubs, decidimos crear nuestras propias fiestas, llamadas «La noche del *friski friski*».

La primera la hicimos en Granada, en un recinto enorme tipo mansión con todo lo que puedas imaginar: numerosas salas con colchones gigantes tapizados en cuero donde cumplir todas las fantasías, mazmorra con cruz, jaula, sillón tántrico, *glory holes*, piscina, *jacuzzi* climatizado, terraza, jardín, pista de baile, habitaciones privadas y lugares secretos de esos que te dejan sin aliento.

El objetivo era hacer amistades y crear vínculos de calidad, por eso empezamos desde cero una comunidad de WhatsApp para conocernos todos. Además, muchas parejas vinieron a dormir a nuestro hotel para pasar el fin de semana juntos.

En el salón del hotel, mientras tomábamos café, conocimos a un chico francés que estaba soltero y se había apuntado a nuestra fiesta. Era alto y muy guapo, pero lo más importante: era muy inteligente, se podía apreciar su gran trabajo de desarrollo personal y además tenía una empresa muy exitosa. Nos quedamos hablando con él durante unas dos horas y enseguida noté que a Olga le había encantado aquel chico.

Durante la noche fuimos haciendo toda clase de actividades y juegos para crear un ambiente seguro, de respeto y amistad, ya que tener sexo no era el único objetivo. Tampoco era una fiesta como la que puedes encontrarte en cualquier discoteca, es decir, con mucho alcohol y música tan alta que no te permite tener conversaciones de calidad. Nuestra fiesta era todo lo contrario: el objetivo consistía en hacer amistades, reír y pasarlo bien, rollo *American Pie.*

La última actividad consistía en un taller de masajes tántricos. Hicimos una demostración para todos los asistentes explicándoles los conceptos básicos. Justo al terminar, Olga se esfumó con el chico francés y buscaron una habitación privada para conseguir algo de intimidad.

Tenían ganas de conocerse en profundidad (en todos los sentidos de la palabra). Cuando se quedaron a solas saltó la chispa, así que pasaron a la acción. A mí no me extrañó nada, ya que conozco muy bien a Olga y sé perfectamente cuándo tiene interés por alguien. Además, llevaban toda la noche hablando y tonteando, se notaba que se gustaban mucho.

A continuación, una avalancha de chicas acudió a mí pidiéndome un masaje. Así que me pasé un par de horas liándome con varias y dando masajes. Aquella noche me besé con más de cinco chicas y terminé por hacerle sexo oral y masturbar a una de ellas. Pese a que la mayoría querían hacer de todo conmigo, a mí no me apetecía mucho, la verdad, pero reconozco que me dejé llevar por el frenesí de la situación.

De niño y adolescente, era el típico gordito de la clase que recibía mucho *bullying* por aquel motivo. Además, aquello me hacía tener poca seguridad en mí mismo, así que no ligaba nada. Me besé por primera vez con una chica a los dieciséis años y perdí la virginidad con dieciocho, cuando la mayoría de mis amigos ya lo habían hecho y muchos de ellos ya tenían novia. En aquel punto espabilé, me di cuenta de que la actitud era lo más importante y mi forma de relacionarme con el sexo opuesto cambió por completo. Empecé a ligar con gran facilidad. Las chicas quizás no venían a buscarme como si fuera Mario Casas, evidentemente, pero, cuando alguien me gustaba, ponía todo de mi parte y me salía bien. Y es que, cuando pierdes el miedo a ser rechazado todo es mucho más sencillo.

Desde que me inicié en el mundo de la *no monogamia* he tenido mucho éxito. Si bien es cierto que en las anteriores fiestas liberales había llegado a liarme hasta con siete personas, siempre era yo quien tomaba la iniciativa. Pero aquella noche en Granada fue muy distinto. Seamos sinceros: ser famoso es la hostia. Muchísimas chicas venían a ligar conmigo (chicas guapísimas, además). Todo aquello fue gasolina para mi ego, me sentía Julio Iglesias.

Pese a todo, nadie me acababa de seducir del todo. Había sido una noche inolvidable a muchos niveles y aunque mi ego estaba por las nubes, tenía un ligero sabor agridulce: debo reconocer que en cierto punto de la noche sentí celos por lo que sabía que Olga estaba haciendo con aquel chico durante las horas que duró la fiesta.

El hecho de que nos acabáramos de iniciar en el poliamor y de ver cómo Olga había conectado con aquel chico tan interesante hizo que surgieran en mí celos y miedo a la pérdida. Pese a que me lo estaba pasando muy bien en la fiesta, mi cabeza y mi corazón seguían en bucle imaginándose que Olga se enamoraría de aquel chico y acabaría dejándome. No son miedos reales ni racionales, ya que lo he hablado mil veces con Olga. Sin embargo, no podía parar de pensarlo, así que decidí ir en busca de ellos y hablar con ella para calmarme. Los encontré enseguida, ya que la conozco perfectamente y sé que siempre elige las habitaciones más tranquilas y apartadas. Toqué a la puerta y la llamé, adiviné la habitación a la primera. Enseguida me dijo que pasara; estaba medio desnuda y llevaba el pelo revuelto. Sin duda, se estaban dando un buen revolcón. Mi corazón se estremeció al verlos. Estuvimos hablando tranquilamente los tres durante un rato y pude aprovechar la ocasión para explicarle a Olga cómo me sentía. Ella me tranquilizó y me dijo que todo seguía como siempre, que nuestro amor no había cambiado y que pensaba que yo también me lo estaba pasando bien con otras chicas. Le dije que sí, y que no quería interferir, tan solo necesitaba saber que me quería y que al día siguiente íbamos a estar bien. Así que, ya más calmado, me quedé un rato viendo cómo continuaban liándose y reconozco que me puso muchísimo la situación.

Pasados unos minutos, mi cabeza volvió a jugarme una mala pasada, así que decidí salir de allí y buscar un sitio para meditar y no cortarle el rollo a Olga.

Existen dos tipos de meditaciones: las que se hacen en un lugar tranquilo y relajado y las que se hacen bajo estrés. En las relajadas, buscas un momento determinado del día para situarte en un espacio apacible, libre de ruidos y distracciones. Te sientas en postura de meditación, con la espalda recta, la mirada al frente y los pies apoyados en el suelo, y te dispones a meditar (por ejemplo, mediante la respiración o simplemente prestando atención al momento presente, trayendo la mente al ahora tantas veces como distracciones interfieran).

Por otra parte, están las meditaciones que se hacen en situaciones de estrés; o, como a mí me gusta llamarlas, las «meditaciones reales». A diferencia de las primeras, las meditaciones bajo estrés las llevo a cabo en el momento en el que me siento incómodo o tengo pensamientos intrusivos y me permiten una mayor gestión de mis emociones en el momento presente. Se realizan en cualquier momento y lugar, y no requieren de una preparación previa. En mi caso, las aplico a mis actividades cotidianas cuando siento que lo estoy pasando mal o que tengo algún tema que resolver. Por ejemplo, en el caso de aquella noche en concreto, me senté en un sofá y cerré mis ojos. La sala estaba llena de gente y la música sonaba a todo volumen. No obstante, me enfoqué en conectar conmigo mismo y en abrazar la sensación de incomodidad que me provocaban los miedos y los celos de aquel preciso momento. A continuación, sentí profundamente todo aquel malestar mientras lo acompañaba de una respiración larga y profunda. Seguí sintiendo toda la angustia y no luché por evitarla ni evadirla, simplemente acepté que debía sentirla en aquel momento como parte de mi proceso de aprendizaje y evolución. Me sumergí de pleno en el dolor y lo abracé. Racionalicé y busqué por qué estaba sintiendo todo aquello: era la primera vez que Olga había conectado a nivel emocional con un chico y, además, justo nos acabábamos de abrir al poliamor. Aquellos sentimientos de miedo y celos eran totalmente normales y justificados, ya que la amo y temía perderla. Sin embargo, lo habíamos hablado mucho y ambos sabíamos que, aunque nos enamorásemos de otras personas, nada entre nosotros iba a cambiar porque nuestro vínculo es muy fuerte. Poco a poco, la sensación de angustia y malestar fue desvaneciéndose hasta el punto de desaparecer. Hice tres respiraciones profundas finales y abrí los ojos. Me sentía muchísimo mejor.

Existe un mito sobre la meditación, y es que debemos conseguir dejar la mente en blanco. Eso es totalmente falso, ya que nuestra mente siempre está pensando y eso no podemos controlarlo. No obstante, sí que podemos llevar el foco de nuestra atención a los pensamientos actuales para mejorar su calidad.

Para mí, meditar es eso: estar sometido a una situación que altera mis emociones y, en mitad de ese torbellino, ser capaz de recuperar las riendas de mis impulsos y volver a un estado de calma y coherencia.

Me levanté y me puse a dar una vuelta por la sala, que comenzaba a vaciarse. Me quedé por allí esperando a que Olga terminase su encuentro mientras despedía a la gente que se marchaba y les preguntaba qué tal se lo habían pasado. Se me acercó una pareja bastante joven para explicarme que era la primera vez que venían a una fiesta liberal y que se habían iniciado en aquello gracias a nosotros.

—En serio, ha sido una experiencia maravillosa, nos lo hemos pasado superbién. ¡Cómo os lo habéis currado! —dijo la chica, muy entusiasmada.

Me quedé embobado escuchándola. No era guapa... ¡era preciosa! Pese a estar a oscuras en la sala de discoteca, pude apreciar perfectamente que sus ojos eran azules. Además, resaltaba su mirada con un maquillaje bastante atrevido, lo cual denotaba carácter y personalidad. Tenía una cara muy dulce y fina, a juego con su voz. Otra cosa que me llamó la atención de ella fue que era especialmente bajita. Mi prototipo de chica ideal, vaya. «¿Cuántos años tendrá?», fue lo primero que pensé. Aparentaba tener veintidós o veintitrés añitos.

Le di la mano con firmeza a su pareja y, cuando me acerqué a darle dos besos a ella para despedirme, se abalanzó sobre mí y nos fundimos en un apasionado beso. Besaba de escándalo, era suave y tierna. Finalmente nos despedimos con la promesa de que nos volveríamos a ver en otra fiesta.

Lo que más me gustó de ella, sin embargo, no fue su físico; fue, sin duda, su actitud. Se la notaba muerta de vergüenza cuando hablaba conmigo, y sin embargo no dudó en venir directa hacia mí y no se lo pensó dos veces a la hora de besarme. Vio la oportunidad y fue a por ella. Con miedo, con vergüenza, pero con paso firme. A eso yo lo llamo valor, y ver a una mujer valiente y capaz de vencer sus demonios para luchar por aquello que desea me genera muchísima admiración.

«Joder... Qué rabia no haberla conocido antes, ojalá algún día volvamos a coincidir», pensé.

Al poco rato vi como Olga salía de la habitación y venía hacia mí. Me abrazó y me dio un beso precioso. A continuación, me recordó lo mucho que me quería y que era el hombre de su vida. Me sentí eufórico y la besé apasionadamente. Acto seguido, pedimos un Uber y nos marchamos de la fiesta rumbo al hotel.

—Vaya putada, cariño, la chica que más me ha gustado de toda la fiesta me besó justo al final. Además, es de aquí, de Granada. Así que, hasta que no volvamos a hacer una fiesta por el sur de España dentro de seis o siete meses, dudo que vuelva a tener la oportunidad de verla —le expliqué a Olga a la mañana siguiente en el hotel—. Y eso si vuelvo a verla.

—¡Oh, qué pena! ¿Y crees que, de haber tenido más tiempo con ella, hubiera pasado algo más? —preguntó Olga intrigada.

—A ver, que me flipo muy rápido, luego a lo mejor si la conociera más no me gustaría tanto, o yo no le gustaría a ella, pero me besé con muchas chicas ayer y solo sentí atracción por dos de ellas. Una ya sabes quién es, pero se me escapó porque fui a hacerle un *cunnilingus* a otra chica y ella se fue con los de la ruleta a montarse una orgía. Aunque sé que la veré en Madrid, y allí tendremos más tiempo para comprobar si surge algo. Pero la granadina… —Me quedé un rato pensativo.

A las pocas horas, una notificación hizo que me diera un vuelco el corazón:

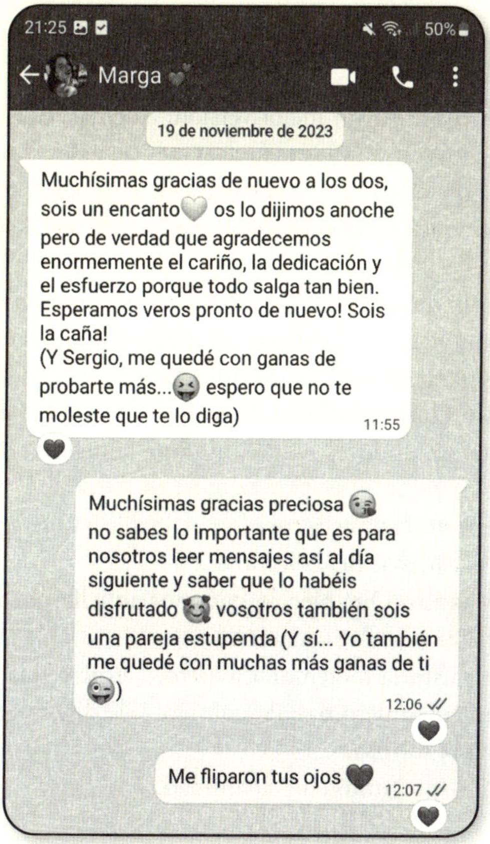

¿De dónde había sacado mi número de teléfono? No recordaba habérselo dado en ningún momento, estaba desconcertado. Al rato caí: Marga era miembro de nuestra comunidad de WhatsApp. Eso me dio esperanzas de volver a verla. Pero pronto me olvidé del tema porque no quería hacerme ilusiones.

Un mes después, organizamos una segunda fiesta en Valencia y me llevé una bonita sorpresa al repasar la lista de reservas... «Marga, ¿en serio? *Naa*... debe de ser otra Marga, voy a comprobar su número de teléfono...».

—¡Cari! —grité entusiasmado—. ¡Viene Marga a Valencia! —Me sentía como un niño esperando a los Reyes Magos.

—Anda, menuda sorpresa. Qué bien, me alegro por ti, vas a tener la oportunidad que tanto querías —me dijo feliz y sonriente.

Olga me parece un sueño hecho realidad, puedo compartirlo todo con ella. Es mi vínculo principal y el amor de mi vida. La amo con todo mi corazón, me hace ser mi mejor versión. Además, es la perfecta socia de negocios y proyectos. Nuestras relaciones sexuales son inmejorables, y a la vez es mi mejor amiga. Con ella puedo compartir todas mis aventuras, explicarle qué chicas o chicos me gustan y recibir consejos de su parte.

Y llegó el día de la fiesta. Decidimos ir un par de horas antes de la apertura al público para conocer a la dueña y al personal. También aprovechamos para examinar las instalaciones. Durante la visita, vimos una sala con un columpio de cuero que me recordó al de nuestra primera vez juntos en un local liberal, durante aquella noche tan mágica con Olga.

—Mira, cari, ¿no te trae recuerdos? —le dije a Olga mientras zarandeaba las cadenas del columpio.

—Buf... y tanto. Qué bien lo pasamos aquella noche, ¿eh? —respondió con mirada sugerente.

—Hoy me gustaría rememorarla, pero... espero que no te moleste, esta fiesta no quiero pasarla contigo —le dije mientras se me escapaba una sonrisa.

—¿Marga? —preguntó con curiosidad.

—La noche es joven y quién sabe si conozco a otra persona, pero sí, hoy no se me escapa la granadina —respondí haciéndome el interesante.

—Qué peligro tienes —comentó Olga riéndose.

Empezó la fiesta y allí estaba ella, igual de mona que la recordaba: con su peculiar línea de ojos en forma de flecha, falda negra con medias a juego y el torso cubierto por una blusa transparente con topitos negros que dejaba ver su sujetador rojo. Yo estaba liado organizando juegos y actividades que íbamos a hacer durante la fiesta, así que prácticamente no pude pararme a saludarla. Tan solo intercambiamos una mirada fugaz y a ambos se nos escapó una sonrisilla.

Me subí a lo alto del escenario con el micrófono y, junto a Olga, inauguramos la fiesta. En cuanto pude, me escabullí entre la gente en busca de Marga, así, como el que no quiere la cosa. Tuve la oportunidad de saludarla, pero de forma rápida, ya que tenía que seguir organizando juegos en la fiesta. Una de las primeras actividades consistía en hacer *speed dating*: citas rápidas entre los asistentes para romper el hielo y empezar a crear amistades. Por pura casualidad del destino, a mí me tocó con Marga tres veces seguidas. ¡Qué caprichoso es el azar!, ¿verdad? Espero que nadie piense que, como era yo quien sacaba los números, lo había amañado a mi favor.

—A ver, que me tienes en ascuas, ¿qué edad tienes? —le pregunté superintrigado.

—Te daré una pista: siempre me hacen mucho más joven de lo que realmente soy —me dijo mientras se reía.

—Buf, ahora me pones en un aprieto. A ver... Voy a decir veinticinco años, pero porque me has dicho eso. Si no, hubiera dicho veintitrés.

«¡Mierda! ¡Como le haya dicho más de los que tiene, me hace la cruz!», pensé.

—Veintisiete añitos —me dijo con una sonrisa pícara. Me quedé flipando.

Los juegos fueron avanzando y perdí de vista a Marga, así que me puse a dar una vuelta por el local y me encontré a una trieja con la que habíamos entablado amistad. Las dos chicas asumían el rol de sumisas y el chico las paseaba con un collar de cuero rosa por toda la sala. Me propusieron tomar las riendas y pasear por el local a las sumisas.

Sinceramente, me lo estaba pasando muy bien con ellos, así que les seguí el rollo. Además, las chicas me gustaban bastante; en especial, Sandra, una mujer afro con unas rastas que me fascinaban. A medio paseo, las chicas se me acercaron y empezaron a tontear conmigo. No sé si realmente querían hacer algo o solo era un juego. En cualquier caso, antes de que pudiera averiguarlo, cuando Sandra y yo estábamos a punto de besarnos, alguien se interpuso...

Marga apareció de la nada y, antes de que me diera cuenta, me estaba besando con ella. Una vez más, me volvió loco, demostrándome que cuando quiere algo nadie la frena. La admiración que sentía por ella era cada vez mayor. La agarré con firmeza de la cintura mientras nuestras lenguas se retorcían, deslicé una mano hasta su cabeza y la agarré del pelo para morderle el cuello mientras de forma sutil nos acercábamos a un elegante sofá donde nos sentamos y seguimos dejando que toda nuestra pasión aflorase.

Una parte de mí no podía parar de besarla: era tan intensa, pasional, dulce y adictiva que no era capaz de poner fin. Por otra parte, estaba preocupado porque Olga seguramente me estaría buscando para seguir con los juegos. Miré rápido qué hora era: aún faltaban veinte minutos para el siguiente juego que teníamos programado.

Me apresuré en coger a Marga de la mano y me la llevé a una cama que estaba en la sala del columpio. Nos tumbamos aún vestidos en la cama y poco a poco fui deslizando mi boca hasta llegar debajo de su falda. No tardó en alcanzar el éxtasis y estallar en un placentero orgasmo. A continuación, se reincorporó en la cama y me bajó el pantalón, para ser ahora ella quien jugara con su húmeda y placentera boca, que era extremadamente sensual. Estaba en una nube, cuando me di cuenta de que había perdido la noción del tiempo.

—Preciosa, tengo que ir un momento a organizar un juego, vuelvo enseguida —le dije en contra de mi voluntad.

—Sí, hombre, ¡ahora no me dejes así! —protestó sonriente.

—¿Llevas condones aquí? —Negó con la cabeza—. Yo los tengo en la taquilla, voy un momento a buscarlos y vuelvo.

Por el camino me crucé con Olga.

—¿Dónde estabas? —me preguntó desde lejos mientras se acercaba hacia mí.

—Estoy con Marga en la sala del columpio y ahora iba a por condones —le expliqué mientras le señalaba la taquilla.

—Vale, ya es la hora de la siguiente actividad, pero la gente aún está con los juegos de antes y se los ve bastante entretenidos. Si quieres, retrasamos los juegos una hora y así puedes pasártelo bien —me propuso Olga. Se la notaba feliz de que todo estuviera saliendo tan bien.

—Eso sería ideal —admití. Nos abrazamos y nos besamos.

Cogí los condones y volví prácticamente corriendo con Marga.

—¿Ha pasado algo? Has tardado bastante —me preguntó intrigada.

—Me he encontrado a Olga por el camino y hemos cambiado la hora de los juegos, así que tenemos una hora libre —le dije mientras le guiñaba el ojo.

Lo estuvimos haciendo por toda la sala sin descanso y, evidentemente, no tardé en pedirle hacerlo en el columpio. Estuvimos más de una hora dándole, pero a mí me parecieron solo cinco minutos. Cuando vi que tan solo faltaban diez minutos para la siguiente actividad que teníamos que presentar, le propuse parar y nos tumbamos en la cama para abrazarnos, besarnos y hablar un poco.

—Sé que puede sonar a peloteo o que quiero regalarte los oídos, pero en los últimos meses me he vuelto superselectivo. No me suele apetecer tener sexo con alguien que no sea Olga. De hecho, en Granada tú misma pudiste ver que muchísimas chicas querían estar conmigo aquella noche y, pese a ello, no llegué a hacerlo con ninguna. Lo máximo que hice fue un *cunnilingus* —le dije mientras nos abrazábamos desnudos—. Con esto quiero decir que si estoy aquí contigo es porque para mí eres especial, no eres una más de mi lista, ni nada por el estilo.

—Es mutuo, a mí me cuesta muchísimo conectar con alguien. Y desde que te besé en la anterior fiesta tuve claro que tú y yo íbamos a tener una química increíble —me dijo mirándome fijamente con sus preciosos ojos azules.

—Jo, que guay. Ahora me tengo que ir a dirigir los juegos, pero luego, si quieres, continuamos —le propuse mientras empezaba a vestirme.

—Por supuesto que quiero continuar. En cuanto vuelvas a estar libre, seguimos —me dijo con tono cálido.

Terminé de vestirme apresuradamente para ir en busca de Olga y continuar con los juegos. Pero entonces me di cuenta de que Olga llevaba rato mirándonos desde la entrada de la habitación. A ambos nos da muchísimo morbo ver cómo lo hacemos con otras personas. Justo en la entrada de la sala había unos barrotes simulando una especie de cárcel o jaula, que separaban nuestra sala y el pasillo. Olga estaba apoyada sobre los barrotes de espaldas a nosotros, hablando con un chico que había conocido en la fiesta. Marga y yo salimos de la habitación y me dirigí hacia ella para preguntarle si se lo estaba pasando bien y asintió muy feliz y sonriente. Me presentó al chico que la acompañaba, que me pareció muy guapo. Además, habían conectado muy bien porque se los veía muy acaramelados y sonrientes. Me alegré un montón por ella.

Cuando volví a estar libre, Marga ya me esperaba cerca del escenario con ganas de seguir con la fiesta.

—¿Te gustan los masajes? —le susurré al oído mientras la agarraba de la cadera con sutileza, pero con seguridad en mí mismo—. Supongo que ya sabrás por mi contenido en redes que soy experto en masajes tántricos. —La idea de hacerle un masaje a Marga me seducía muchísimo.

—Muero por que me hagas uno, aunque me gustaría buscar un sitio más íntimo. Antes había mucha gente mirando. Si es poca, me da morbo, pero demasiada me agobia —confesó en tono vergonzoso.

Rápidamente buscamos una sala privada y nos encerramos en ella. Era una sala con luz tenue y un colchón enorme forrado en piel roja. En el interior de la estancia había otra pareja teniendo relaciones, pero no nos molestaba compartir el espacio con ellos. No buscábamos privacidad total, simplemente que no nos mirase todo el mundo. Al ser el organizador del evento, y Marga una chica tan guapa, llamábamos demasiado la atención.

De camino a la sala, pasamos por mi taquilla a buscar aceite lubricante para masajes. Marga se tumbó desnuda sobre el frío cuero. Le expliqué rápidamente las bases del tantra.

Tal y como Olga y yo entendemos el tantra, el masaje es un acto sexual, tan trascendente o incluso más que la penetración. De hecho, cuando los masajes tántricos se hacen correctamente, pueden resultar mucho más placenteros e intensos que el sexo convencional. De forma resumida y práctica, los puntos más importantes que tener en cuenta son:

—la respiración y los gemidos;
—la comunicación (saber pedir y saber recibir);
—hacerse responsable del propio placer;
—la conexión energética.

Aunque el masaje tántrico es cosa de dos, paradójicamente, es más importe lo que hace la persona que recibe el masaje que la persona que lo da. Yo, como «masajista», lo único que puedo hacer es guiar a la persona en el placer y seguir sus peticiones como un humilde siervo. Pero lo mejor es que os lo muestre:

—Marga, necesito que te dejes llevar por tus emociones y sentimientos, deja que tu cuerpo fluya. Si sientes que necesitas mover la cadera en busca de sexo, muévela; si sientes que necesitas gemir, gime; grita o llora, hazlo sin vergüenza. Acompaña mi masaje con tu respiración, abre el diafragma y deja que el placer te invada. No pienses en nada, centra toda tu atención en lo que mis manos te hacen sentir al pasar por tu cuerpo —le expliqué.

Ella me escuchaba muy atenta, mientras se recogía el pelo para dejar su suave espalda al descubierto.

—Por otra parte, necesito que seas muy específica en cuanto a lo que te gusta y a lo que no, pues desconozco por completo cuáles son tus mayores puntos de placer y cuáles son los que te causan angustia. Recuerda que el placer está en todo tu ser. Los genitales son solo una pequeña parte de nuestro cuerpo. Por lo tanto, tu deber es guiarme por tu cuerpo. Y, por último, necesito que me digas con qué intensidad quieres que te masajee en cada punto.

Para hacerlo más fácil y fluido, divido las intensidades en tres puntos:

1. Aire: Caricias y cosquillitas.
2. Agua: Mis manos fluyen por su cuerpo ejerciendo una leve presión.
3. Tierra: Mis manos ejercen una alta presión sobre ella.

Intenté explicárselo de forma breve y resumida para evitar romper la atmósfera tan sensual que habíamos creado.

—Por último, recuerda que la responsable de tu placer eres tú. Si pides sin miedo ni vergüenza y sigues las instrucciones que te he dado, alcanzarás un alto grado de placer. Por el contrario, si dejas todo en mis manos, da igual cuánto me esmere, pues se convertirá en un masaje ordinario —concluí mientras esparcía por su espalda el lubricante.

Había un cuarto punto que tener en cuenta: la conexión energética. Bajo mi experiencia, estos masajes solo funcionan cuando ambas partes vibran en la misma frecuencia. Pero eso no hacía falta decirlo, era evidente que estábamos en sintonía.

Fue mágico. Me emociono al escribir estas líneas, recordando cómo su cuerpo se estremecía bajo mis manos. Al cerrar los ojos, aún puedo oír su respiración acelerada entre gemidos, siento el olor de su pelo y cómo me penetraba con una mirada que ardía de pasión.

Empecé por masajear su espalda y fui subiendo mis manos por sus curvas para estimularle el cuello y los hombros. Poco a poco, acabé acariciando y amasando hasta el último centímetro de su cuerpo, guiado por su dulce voz.

Fue un masaje bastante largo, no teníamos prisa. Ambos estábamos disfrutando y nuestra conexión aumentaba por momentos.

—Jamás me habían dado un masaje como este —dijo jadeante—. Estoy alucinando —concluyó.

—Esto no es un simple masaje, esto es sexo tántrico —aclaré.

—No hace falta que lo jures, para mí esto está siendo mucho más íntimo que el sexo normal —admitió con ternura.

Finalmente, tras dar por finalizado el masaje, terminamos teniendo sexo con penetración hasta que, literalmente, cerraron el local. Tal vez habrá quien no lo entienda, pero aquel masaje hizo que empezara a enamorarme de Marga. Habían sido solo unas pocas horas, pero para mí el amor es o no es. Hay conexión o no la hay.

Recuerdo que, cuando conocí a Olga, en muy pocas horas le dije: «Mira, no sé si vamos a ser solo amigos o habrá algo más entre tú y yo, pero tú has venido a mi vida para quedarte, siento lo mismo que cuando conocí a mi mejor amigo».

Son personas que enseguida sabes que van a desempeñar un papel importante en tu vida, lo puedes llamar intuición o como quieras, y Marga me hizo sentir lo mismo que Olga y Manel.

Al día siguiente, Olga me explicó que había conocido a dos chicos solteros que le gustaron bastante. Con el primero, tan solo se besaron y la cosa no fue a más. Con el segundo, Alejandro, sí que sintió mucho más *feeling*, así que, tras una larga conversación en el club, decidieron pasar a la acción y darse placer.

Aunque Olga se lo pasó muy bien aquella noche, su cabeza y parte de su corazón estaban en otro sitio. Y es que llevaba días conociendo a una persona que le había roto todos los esquemas: Miguel.

Capítulo 12
Responsabilidad afectiva

Unas semanas antes de la fiesta, empecé a conocer a un chico que, desde el primer día que lo vi, revolucionó todos mis sentidos. Llevaba días sin mirar la bandeja de entrada y… allí estaba:

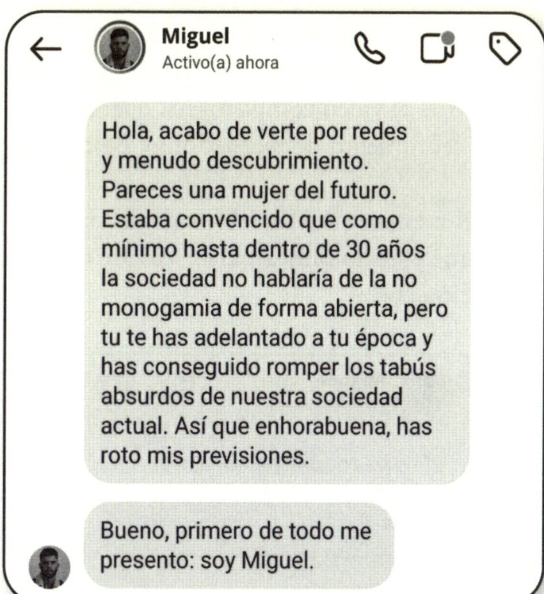

Tenía el perfil cerrado, así que lo empecé a seguir. Me impresionó que se mostrara tan educado y se presentara de aquella forma tan original. Desde que hice el *boom* en redes, estaba acostumbrada a recibir mensajes del tipo: «Hola, qué buena estás» o «Quiero echar un polvo contigo», que obviamente descarto a la primera de cambio y ni me molesto en contestar. Este tipo de mensajes, además de ser muy irrespetuosos, demuestran que quien los escribe no se ha detenido en mi perfil lo más mínimo. Mi contenido es, por encima de todo, divulgativo, y si me entran así significa dos cosas: la primera es que tienen un concepto equivocado de lo que significa ser liberal; y la segunda, que tan solo han visto los tres primeros segundos de mis vídeos, en los que lanzamos un mensaje muy llamativo para captar la atención, pero que no hacen justicia al contenido de valor que aporta el video completo. Así que, si me entran a saco, eso me genera un sentimiento de rechazo muy bestia y los ignoro por completo.

Sin embargo, el mensaje de Miguel fue distinto; había mirado mis videos y, además, me pareció muy amable, así que tenía ganas de continuar la conversación con él.

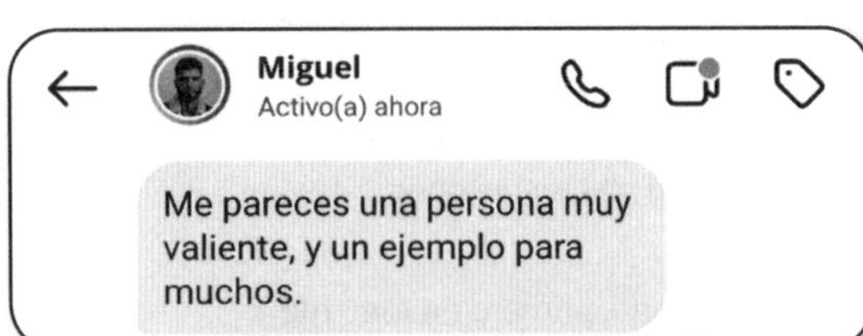

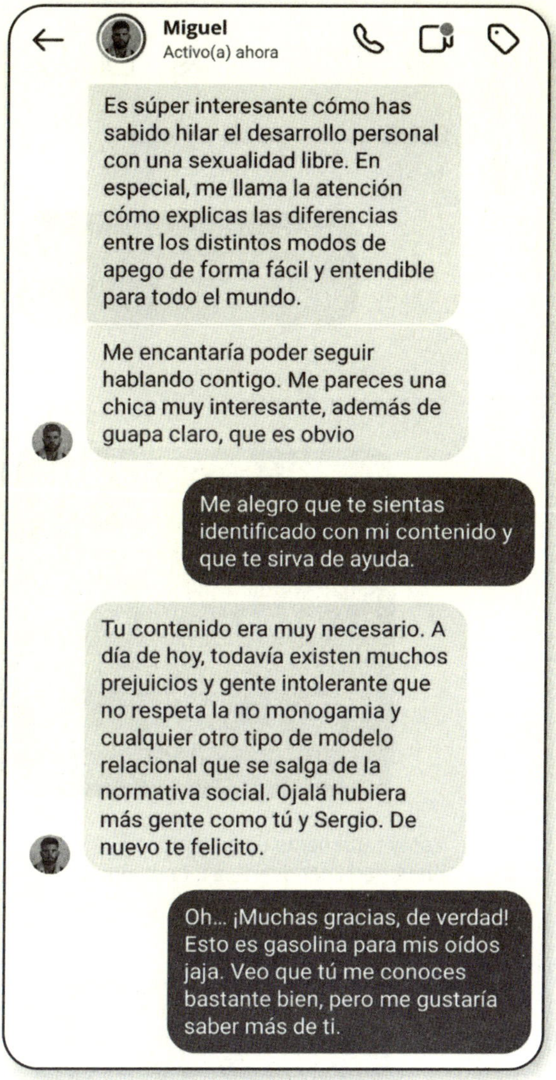

Guau… ¡Se sabía hasta el nombre de mi pareja! La cosa pintaba muy pero que muy bien. Me sentí supercomprendida por él y eso me motivó a continuar la conversación.

Entré en su perfil de Instagram para cotillearle las fotos. Además era guapo. «Ya lo tiene todo», pensé.

Pasaron los días y seguimos hablando. Miguel era muy atento, cada mañana me daba los buenos días y se interesaba mucho por mí.

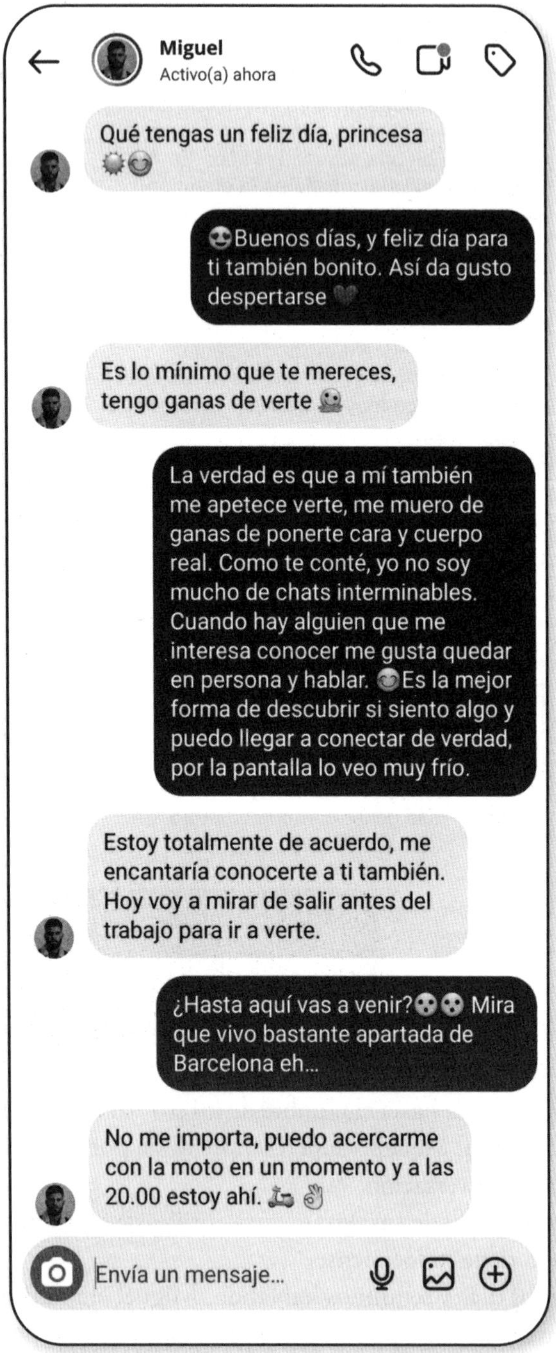
Miguel
Activo(a) ahora
Qué tengas un feliz día, princesa
Buenos días, y feliz día para ti también bonito. Así da gusto despertarse
Es lo mínimo que te mereces, tengo ganas de verte
La verdad es que a mí también me apetece verte, me muero de ganas de ponerte cara y cuerpo real. Como te conté, yo no soy mucho de chats interminables. Cuando hay alguien que me interesa conocer me gusta quedar en persona y hablar. Es la mejor forma de descubrir si siento algo y puedo llegar a conectar de verdad, por la pantalla lo veo muy frío.
Estoy totalmente de acuerdo, me encantaría conocerte a ti también. Hoy voy a mirar de salir antes del trabajo para ir a verte.
¿Hasta aquí vas a venir? Mira que vivo bastante apartada de Barcelona eh...
No me importa, puedo acercarme con la moto en un momento y a las 20.00 estoy ahí.
Envía un mensaje...

Cuando se trata de quedar por primera vez con alguien, sinceramente, prefiero quedar en un punto medio entre los dos. Jamás iría a casa de alguien la primera cita ni tampoco traería a un extraño a la mía. Mis primeras citas siempre suelen ser en una cafetería para tomar algo o durante un paseo en alguna zona bastante concurrida. En muchos aspectos de mi vida soy bastante cauta y, a día de hoy, no me gusta cometer locuras (de hecho, ya las cometí todas en el pasado). No sabes el tipo de persona que te puedes encontrar tras una pantalla.

Además, hay muchas cuentas de Instagram, y sobre todo de aplicaciones de citas liberales y no liberales con perfiles falsos. Así que mi *modus operandi* es siempre el mismo: propongo un punto medio entre los dos y siempre rodeados de más gente.

Miguel vivía en el Baix Llobregat, también muy cerca de Barcelona, y yo llevaba una temporada viviendo en casa de Sergio, a veinticinco minutos de Barcelona, cerca de Mataró; así que le dije que podíamos quedar en la famosa estación de Sants, que era un punto bastante neutro para los dos.

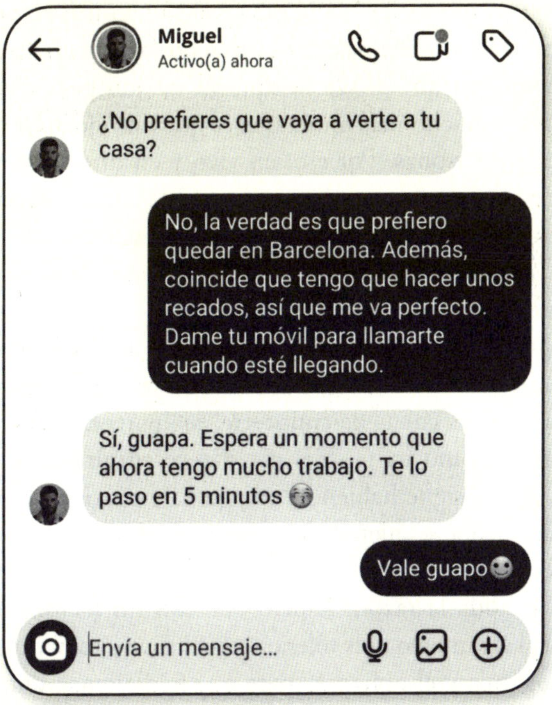

Pasó el tiempo y yo seguía esperando a que me diera su número de teléfono. Le resté importancia y llegó la hora de la cita. No tardé en encontrarlo, ya que era igualito a las fotos de su Instagram: un chico alto y corpulento, se notaba que se cuidaba y hacía deporte. «Seguro que entrena fuerza», pensé, ya que tenía desarrollada una buena masa muscular, sobre todo en la espalda y el torso. Iba vestido con unos tejanos y un polo negro con una mariposa azul en la parte del pecho, que me recordaba bastante a mi tatuaje del brazo. Llevaba el pelo bastante largo por la parte superior y degradado por lo laterales; tenía la mandíbula marcada. Era, sin duda, mi prototipo de tío ideal.

Cogió el casco de su moto y se lo pasó por el brazo mientras se bajaba de ella y me buscaba con la mirada. Cuando me vio, sonrió y se dirigió hacia mí. Nos dimos dos besos y lo sentí muy cercano. Pude oler su perfume y, la verdad, me encantó; me dio la sensación de que la cita iba a ir muy pero que muy bien.

—¡Guau! En persona eres mucho más guapa —dijo él ruborizándose un poco.

—Ja, ja. Eso me suelen decir, será porque no utilizo apenas filtro en mis videos. Además, tenso mucho la cara cuando me estoy grabando, ya que desde siempre he tenido pánico a hablar en público y mucho más ahora que sé que mis videos los miran millones de personas. Por eso, en vivo y en directo gano bastante más, porque muestro mi rostro más relajado. Todavía tengo que soltarme más delante de la cámara —contesté sonriéndole.

—Pues sí, impones bastante, la verdad. Bueno, ¿te apetece que busquemos un sitio para tomar algo?

—¡Hecho! Vamos a caminar un poco por aquí y, cuando veamos una terracita chula, nos sentamos —le propuse muy animada.

—Tenía muchas ganas de conocerte, me pareces una chica tan especial... Como ya te dije, me parece admirable lo que haces. Hoy en día sigue habiendo muy poca empatía y respeto por las relaciones que se salen de lo convencional, y que tú des la cara de esa forma dice mucho de ti —confesó él.

—Pues sí, toda la razón. Espero que con mi mensaje la sociedad consiga ser mucho más tolerante, inclusiva y respetuosa con la no monogamia y el poliamor para que nadie tenga que esconderse ni sentirse avergonzado por llevar una relación distinta a la impuesta por la sociedad —le contesté con gran orgullo.

—Si tú supieras lo que tengo que aguantar en mi trabajo... —confesó él con un tono bastante angustiado.

En aquel momento le cambió la cara y vi que se ponía muy serio. Como si algo le preocupara. Era un chico muy expresivo, así que se le notaban todas las emociones enseguida. No quise preguntarle más sobre el tema porque tenía ganas de conocerlo de otra forma; prefería saber más sobre sus aficiones e inquietudes, y si era o no un chico ambicioso, para así conocer su nivel de consciencia actual y su grado de desarrollo a nivel psicológico y emocional.

Esos puntos para mí son superimportantes, ya que determinan si una persona es o no compatible conmigo. Me encanta la gente despierta, empoderada y segura de sí misma, con una actitud arrolladora. Miguel parecía el tipo de persona que sabe sacarse las castañas del fuego y llevar las riendas de su vida. Me contó que había sido empresario y tenía varios negocios. En la actualidad todavía tenía alguna empresa, pero también llevaba varios años trabajando de funcionario; era policía.

En el momento que me dijo a qué se dedicaba, una alarma en mi interior se activó. En el pasado, había tenido un exnovio policía y también me había relacionado con varios amigos y amigas policías, y el perfil no dista mucho de unos a otros. Quizá es un prejuicio mío, o quizá no. Sé que no está bien juzgar sin conocer, pero está claro que todos lo hacemos de forma automática. Se trata de un mecanismo de supervivencia que tiene la mente para ahorrar energía y mantenernos alerta ante cualquier amenaza.

Por eso, pongo especial interés en descubrir qué le impulsa en la vida y a qué se dedica cada persona que conozco. A partir de su profesión o proyecto de futuro, saco mucha información valiosa de cómo es su personalidad. También me ayuda mucho conocer su eneagrama, pero la mayoría de las personas no tienen ni idea de qué es.

El hecho de prejuzgar a alguien sin conocerlo provoca una falsa sensación de seguridad y control en mí, ya que, inconscientemente, creo que al tener más información del otro estaré más preparada para reaccionar, y de esa forma mis nervios se calman. Pero nada más lejos de la realidad; soy consciente de que, por mucho que quiera controlar una situación y llevar la sartén por el mango en la relación, al final, para que funcione, ambos tenemos que llevar las riendas, así que no puedo pretender estar por encima. Los que pertenecemos al eneatipo ocho, cuando nos perturbamos, somos así, y es algo que reconozco en mí y trabajo para solventarlo.

Tengo que reconocer que aquella tarde volaron las horas. Normalmente, cuando en la primera cita llevo una hora con alguien, ya me parece suficiente. Sin embargo, con Miguel perdí la noción del tiempo, y eso es algo que me sucede muy pocas veces. Tuvimos una conversación de lo más interesante a todos los niveles; además me reí un montón con él, y eso hizo que todavía ganara más puntos. Miguel era inteligente y además bromista (para mí, el combo perfecto). Empecé a notar que había una química y atracción superbestias entre los dos y me sentí la persona más afortunada en este mundo. Sus ojos grises azulados tenían un brillo especial. Al mirarme fijamente, me sentía un pelín intimidada por él, pero debo reconocer que me encantaba.

—¡Guau! Es tardísimo, se me ha ido la hora por completo —le dije sonriendo.

—A mí también, eso es que nos lo hemos pasado bien —replicó satisfecho mientras se reía.

—Por supuesto que sí, no tengo duda de que hemos conectado muy bien. Tenemos muchas cosas en común. Además, me has parecido muy guapo e interesante —añadí un poco tímida, aunque me esforcé para que no se me notara.

—Venga, va, ¿hacia dónde vas? Te acompaño un trozo, así podemos seguir hablando —propuso él.

—Me parece estupendo. Voy a coger el tren en Sants, son diez minutos caminando —añadí.

Nos levantamos de la mesa y comenzamos a caminar. Miguel iba muy cerca y en ocasiones me rozaba con el hombro. Cada vez que se acercaba, podía oler su perfume, y olía tan bien... Llegamos a la estación y quiso entrar dentro. Me acompañó hasta la máquina de control y nos detuvimos a un lado.

—Bueno, Olga, no me quiero ir, pero sé que tienes que hacer tus cosas. Me lo he pasado muy bien, y ganas muchísimo más en persona. Espero volver a verte pronto —pronunció con firmeza mientras me miraba con sus bonitos ojos.

—Es mutuo, yo también he estado muy cómoda. Creo que hemos conectado muy bien. Me gustaría que siguiéramos conociéndonos —le dije sonriendo.

—No lo dudes, bombón. Nos veremos muy pronto —contestó él mientras se acercaba a mí todavía más.

El corazón me dio un vuelco de pasión al tenerlo tan cerca y yo también me aproximé un poco más a él. Nuestros cuerpos y nuestros labios se unieron y nos dimos un beso superlargo y precioso. Miguel besaba extremadamente bien. Era delicado y firme a la vez, lo cual me encantaba. Me agarró de la cintura por la parte baja de la espalda, sin llegar al culo, y me estremecí. Me sentía tan bien... No quería que se acabara aquel beso.

Cuando por fin nos soltamos, vi que los ojos le brillaban un montón. Sin duda, había una atracción brutal entre los dos. Nos despedimos del todo y me fui al tren.

Cuando llegué a casa, Sergio me esperaba intrigado por saber cómo había ido. Le expliqué la cita con todo lujo de detalles, ya que él quería saberlo todo. Me encantaba tener aquella versión de mi novio, me refiero a la de amigo confidente con el que compartes todo y le cuentas tus secretos e intimidades.

—Ostras, cariño, pues sí que ha ido bien tu cita. Me alegro mucho por ti. A ver, tengo que reconocer que me da un poco de miedo que tus sentimientos hacia él vayan a más y dejes de quererme. Espero que eso no suceda nunca —añadió un poco cabizbajo.

—Amor, la cita ha ido de maravilla y Miguel me parece un chico espectacular, pero todo lo que hemos construido tú y yo juntos, los proyectos y, sobre todo, el amor y la conexión que siento por ti es brutal, y eso no va a cambiar nunca por mucho que me haya gustado ese chico. Lo nuestro está muy por encima, lo hemos hablado muchas veces y lo hablaremos todas las que haga falta. Tengo ganas de quedar otra vez con él y seguir conociéndolo, pero te aseguro que lo que siento por ti no va a cambiar en absoluto —le razoné, muy convencida de mis palabras.

—Espero que así sea. Sí te entiendo, y sé que es verdad. Porque a mí me pasa lo mismo con Marga. Bueno, aunque reconozco que lo mío con ella está más avanzado, pero egoístamente siento miedo a perderte, no puedo evitarlo. Por eso prefería decírtelo —añadió en un tono reflexivo.

—Claro, y me alegra un montón que me cuentes tus sentimientos, es superbonito, y demuestra que hemos alcanzado un grado de complicidad muy alto —le contesté mientras le daba un beso y un abrazo.

Aquella noche, antes de ir a dormir, Miguel me escribió por Instagram para preguntarme si había llegado bien a casa. Le dije que sí y que la cita había sido una pasada. Me contestó que ya tenía ganas de verme y que iba a hacer todo lo posible para que pudiéramos quedar pronto. Y así fue, en menos de una semana ya teníamos fecha y lugar para nuestro siguiente encuentro. Miguel me invitó a cenar a su piso. Sinceramente, me pareció bien a medias, porque en las primeras citas prefiero quedar en lugares públicos y no meterme en casa de nadie. No obstante, él insistió en que quería prepararme una cena íntima en su casa y estar allí más relajados. Acepté porque me transmitía muchísima confianza y, además, me moría por verlo, besarlo y hacerlo con él.

Y llegó la esperada tarde de mi cita. Mientras me vestía y peinaba, Sergio me miraba feliz y un pelín angustiado. Entendía a la perfección que se sintiera así, incluso una parte de mí se sentía un poco culpable por irme a casa de aquel chico. A Sergio lo amaba un montón y no quería que se rayara por mí. Sabía que, durante la noche con Miguel, Sergio iba a estar en casa y, muy a su pesar, era bastante probable que su mente de vez en cuando le jugara alguna mala pasada alertándolo sobre el peligro de perderme para siempre. Es algo totalmente natural; al fin y al cabo, tenemos sentimientos y estamos enamorados el uno del otro, por lo que los celos y el miedo a la pérdida son totalmente lógicos.

—Tengo que reconocer que ver cómo te arreglas y te pones tan guapa para otro me da bastantes celos —comentó él mirándome embelesado.

—¡Venga, va! No me hagas sentir culpable —protesté sonriente—. Además, mi parte tóxica se alegra de que te pongas un poco celoso —bromeé mientras se me escapaba una risilla—. No, ahora en serio: si lo vas a pasar mal, no voy —le dije poniéndome más seria.

—No te preocupes por mí, yo lo que más quiero es verte feliz. Además, voy a pasar toda la noche viciándome al *Death Stranding* —confesó él. Le encantaba aquel videojuego.

Por mi parte, intenté racionalizar también el sentimiento de culpa: acepto que pueda tenerlo, pero también comprendo que Sergio y yo creemos en el poliamor y está todo previamente pactado y consensuado. Por lo tanto, entre nosotros no existen las mentiras ni las ocultaciones. Soy muy transparente con él, y eso hace que mi culpa afloje y yo me sienta mucho mejor.

Y, por fin, llegué a su casa. Me había puesto un vestido rojo ceñido y llevaba el pelo suelto y rizado, como de costumbre. Tenía ganas de impresionarlo. Cuando lo vi, no sé quién de los dos quedó más impactado. Él iba vestido con un polo y llevaba unos tejanos oscuros que le marcaban un culo de escándalo, se notaba que hacía sentadillas de las buenas.

—Estás preciosa. Me dejas sin palabras, Olga, cada día te veo más guapa —dijo él eufórico.

—¿Sí? Me alegro de que me veas con tan buenos ojos. Tú también estás espectacular, así que es mutuo —añadí emocionada.

—¿Qué tal ha ido tu semana? Bueno, vamos a sentarnos y me cuentas. ¿Te apetece beber algo? —preguntó mientras se dirigía a la cocina.

—Sí, dame un vaso de agua. Luego, si eso, ya beberé un poquito de vino para brindar contigo mientras cenamos —le contesté.

Me quedé sentada en el sofá del salón, que era inmenso y precioso. La verdad es que tenía el piso decorado con mucho gusto, bastante minimalista, como a mí me gusta. Tan solo había alguna figura y algún marco de fotos en el mueble de la televisión. Encima del fuego a tierra había otro marco bastante grande, pero este estaba tumbado. En aquel momento no le quise dar importancia, pero, pasadas unas horas, comprendí que no se había caído por azar, sino por otra razón de mucho más peso. Pero vamos por partes.

—Aquí tienes, preciosa. —Me acercó el vaso de agua y se sentó en el sofá, a mi lado.

—Gracias, guapo. El otro día se me quedaron muchas preguntas por hacerte. A ver, cuéntame un poquito más sobre ti. ¿Cuánto hace que vives aquí? Por cierto, tienes un piso precioso —le comenté. Era evidente que me atraía un montón y que tenía ganas de pasar a la acción, pero quería saber más de él para que la magia y la química fueran todavía mayores.

—Pues nos mudamos aquí hace unos veinte años. Yo antes vivía en otro piso más pequeño de alquiler y, cuando vi el momento, decidí que era buena idea venirme a esta zona. En cuanto al tema del mobiliario... Mis padres tienen una tienda de muebles, así que me los regalaron —explicó con una sonrisa un poco nerviosa que yo no acababa de comprender.

—¿Os mudasteis? ¿Te refieres con alguien más? Pensaba que vivías solo —le pregunté impaciente.

—Sí, bueno, no —titubeó—. Me refería a mi ex. Cuando compramos este piso, estábamos juntos —añadió serio.

—Ah, vale, entiendo. ¿Y cuánto hace que lo dejasteis? —le volví a preguntar. Aquello ya parecía un interrogatorio, pero algo dentro de mí me impulsaba a hacerlo.

—Lo dejamos hace poco, un mes o así. Llevábamos veinte años juntos, así que no fue fácil, la verdad —respondió entre triste y nervioso por igual.

—Vaya, ¿solo un mes? Madre mía.... Veinte años, toda una vida juntos. Sinceramente, no me lo hubiera imaginado jamás. Se te ve tan autónomo e independiente que cuesta creer que haga tan poquito que se acabara. ¿Y estás bien ahora? Supongo que debes tener días de todo. Yo cuando... —En aquel momento un estruendo me sobresaltó.

Su teléfono móvil empezó a vibrar muy fuerte. Lo había dejado encima de la mesa de cristal del comedor que teníamos justo frente al sofá en el que estábamos sentados. Me llamó la atención que estuviera boca abajo. Pegó un brinco del sofá y se abalanzó sobre el móvil, su reacción me pareció exageradísima.

Cuando cogió el teléfono, me pidió disculpas y salió a la terraza a hablar. Vi cómo se aseguraba muy bien de cerrar la puerta desde fuera y se fue a la otra punta. Me quedé un poco traspuesta, pero pensé: «Todos tenemos historias».

Pasaron diez minutos que a mí se me hicieron eternos. Yo empezaba a preguntarme qué narices estaba haciendo allí y entonces me acordé de Sergio. Seguro que estaría en casa rayado, pensando en mí, y me volví a sentir un poco culpable.

—Perdona, bombón, me han llamado del trabajo. Como soy policía, a veces me llaman por alguna emergencia —se disculpó todavía con el móvil en la mano.

—Tranquilo, no pasa nada. ¿Todo bien? —le pregunté con una dulce sonrisa—. Oye, por cierto, me gustaría tener tu número de teléfono. Te lo pedí el otro día y al final no me lo diste —añadí.

—Sí, sí. Está todo en orden. Bueno... ¿por dónde nos habíamos quedado? ¡Ah, sí! Ya recuerdo, estábamos hablando demasiado de mí —cambió de tema rápidamente para escaquearse y no responder a mi petición—. ¿Qué te parece si te preparo lo que te apetezca para cenar y así nos divertimos un rato? —sugirió con voz seductora.

—No sé qué me apetece cenar, pero sí sé que te quiero a ti de postre —le dije en tono pícaro—. De todos modos, tengo que aclarar algo muy importante antes de seguir conociéndonos. No me gusta apresurarme ni parecer muy intensa, pero, si quieres seguir quedando conmigo, debes saber que yo no busco solo sexo. De hecho, Sergio es brutal en la cama y voy muy bien servida en ese aspecto. Obviamente, me encanta follar, pero si estoy aquí contigo es porque busco crear un vínculo de calidad, ya sea de amistad o algo más, eso ya se verá en un futuro —expliqué con tono serio—. Sí tú solo quieres sexo conmigo, lo podemos hablar, pero no es algo que me interese a día de hoy —concluí.

—Te entiendo a la perfección y opino exactamente igual que tú: no busco sexo vacío, me gustaría conocerte muchísimo más, y con el tiempo entablar una bonita relación, como mínimo de amistad. Me encanta que tengas las ideas tan claras y vayas así de frente conmigo, y en muestra de agradecimiento me gustaría sorprenderte con mis fascinantes dotes culinarias —dijo mientras se le escapaba una risita—. ¿Cuál es tu plato favorito? Hoy te ha tocado la lotería: puedes pedir lo que quieras, pues el chef Miguel está a tu disposición —dijo mientras se inclinaba hacia adelante y hacía una reverencia muy graciosa.

Reconozco que cada vez que hacía algo gracioso me ganaba por momentos. Estaba despierto y era atento, cariñoso, bromista... vamos, lo tenía todo. Y yo estaba encantada de la vida. Le propuse hacer la cena entre los dos, ya que a mí se me da muy mal estar de brazos cruzados.

Pasamos la tarde entre risas y sartenes; mientras preparábamos la cena, nos hacíamos bromas, me cogía de la cintura e incluso jugamos a ensuciarnos la cara con salsa. La temperatura no paraba de subir. El tonteo era evidente y se respiraba muchísima tensión sexual en el ambiente.

—¿Pero tú has visto cómo me has dejado la cara? —dijo él haciéndose el ofendido mientras se meaba de risa.

—Ay... pobrecito, ahora pareces un payaso, con la mejilla manchada de kétchup. ¿Quieres que te lo quite? —le pregunté con voz pícara.

—Bueno, después de todo lo que me has hecho, creo que es lo mínimo... —respondió él haciéndose el indignado.

Me acerqué hasta ponerme justo delante de él. El corazón empezó a latirme superrápido. «Es tan jodidamente guapo...», pensé. Sentí un impulso muy grande y me dejé llevar; comencé a lamerle la cara, con el pretexto de quitarle la salsa de la mejilla. Quería llegar pronto a sus labios, olía extremadamente bien. Pronto nos estábamos dando un beso muy apasionado. La química era brutal, los dos estábamos ardiendo de pasión. En aquella cocina había algo muy muy caliente (y no era el horno, precisamente).

De forma muy brusca pero tenaz, me agarró de la cintura y me giró. Empezó a besarme el cuello mientras me daba pequeños mordisquitos y deslizó su mano por debajo de mi vestido y, seguidamente, bajó mi ropa interior, para comenzar muy suavemente a masajearme el clítoris. Aquella combinación entre duro y sutil me mataba, y hacía que ardiera por dentro de pasión. «Como siga tocándome así, no voy a poder aguantar mucho más», pensé. Rápidamente apartó unas copas que había en la mesa y me subió encima, mientras me quitaba los tacones y me bajaba las bragas por debajo del vestido rojo. Con mis pies sobre la mesa y las rodillas flexionadas, empezó a lamerme los tobillos y fue subiendo suavemente hacia arriba, deleitándose en mis muslos. Yo no aguantaba más y quería que llegara ya arriba, aunque el placer era tan intenso que lo sentía por todas partes, como si ya estuviera lamiendo lo más íntimo de mí.

Finalmente, llegó a mi vulva, se recreó besándola y masajeándola por los laterales, a la altura de las ingles, y poco a poco se dirigió hasta mi clítoris. Cuando comenzó a lamerlo, sentí una ola de placer muy próxima al orgasmo, pero, a diferencia de otras veces, fui capaz de sentir aquel placer por todas las partes de mi cuerpo; era indescriptible. Yo gemía y me retorcía de deseo, aquello era muy bestia. Me introdujo un par de dedos en la vagina, que la tenía mojada como nunca. Sentí una satisfacción extrema, realmente Miguel sabía lo que hacía.

—No voy a poder aguantar mucho más —le advertí jadeante.

—Tú disfruta, cariño, que la noche es larga —me dijo mientras seguía.

Me dejé llevar del todo y una explosión de sensaciones inundó mis genitales y mi cuerpo de pies a cabeza; llegué al orgasmo y me sentí eufórica. No me importaba haber llegado tan pronto, sabía que aquello solo acababa de empezar.

—¡Guau! Menuda pasada —exclamé mientras recuperaba el aire y me incorporaba. Bajé de la mesa y me acerqué hacia él.

—No sabes lo que me ha puesto verte gemir y retorcerte de placer —reconoció eufórico.

Nos fundimos en un abrazo y le di un buen morreo.

—Ahora te toca a ti tocar el cielo —le dije mientras desabrochaba su pantalón.

Le bajé la ropa y comencé a restregarme su miembro por todo mi cuerpo, me desnudé y acaricié mis pezones con su glande. La estimulación y el placer eran mutuos, y parecía que se potenciaban. Él permanecía de pie y yo me puse de rodillas y empecé a acariciar sus muslos mientras le lamía los huevos y le agarraba fuertemente del trasero. Ninguno de los dos podíamos aguantar más, así que me introduje su polla en mi boca para comenzar a chupársela y succionar. También jugaba con mi lengua y me ayudaba con la mano para darle todavía más placer.

Miguel respiraba superfuerte y de vez en cuando emitía algún gemido de placer.

—Joder, ¡qué bien lo haces! Nunca nadie me la había chupado así. No pares, preciosa —me ordenó entre jadeo y jadeo.

—¿Así te gusta? No pienso parar, me pasaría toda la noche comiéndotela —le dije muy excitada otra vez.

—Me parece genial, Olga. Pero, sí sigues así, mucho me temo que vamos a descorchar la botella antes de tiempo, y quiero disfrutar mucho más de ti, así que para, por favor... lo haces demasiado bien —suplicó mientras sufría de tanto placer. Me cogió del pelo y tiró de él firmemente—. Ven, acércate —me ordenó.

Me puse de pie frente a él y vi como sacaba un preservativo del bolsillo de su pantalón. Se lo colocó a la velocidad de la luz y me cogió en brazos. Me llevó a su dormitorio y me tiró encima de la cama muy bruscamente.

—Ponte a cuatro patas, perra —me ordenó en tono autoritario—. Ahora voy a follarte como a mi putita.

No estaba acostumbrada a que me tratasen así, pero, sinceramente, como parte del «juego» me ponía supercachonda.

Me agarró con la mano de los rizos y tiró de ellos, a la vez que me azotaba con fuerza. Yo gritaba de dolor y placer por igual, y entonces de golpe sentí cómo me penetraba con brusquedad. El placer era absoluto. Mientras me cabalgaba, yo estimulaba mi clítoris y tuve un segundo orgasmo extremadamente intenso.

—No aguanto más, Olga, estoy a punto de correrme —dijo él, jadeante.

—Córrete sobre mis pechos, por favor —le supliqué—. Déjame empapada en tu semen. —Me ponía muy cachonda que fuera a correrse encima de mí.

En aquel momento, un fuerte portazo me pegó un susto de muerte. Se escucharon unos pasos acercándose a la habitación de forma violenta y acelerada.

—¡Mierda! —exclamó él.

Me apresuré en coger la sábana para taparme como pude. Estaba muy desconcertada, no entendía nada y sentía mucho miedo; la respiración se me aceleró, el corazón me iba a mil por hora. De golpe, una mujer irrumpió en la habitación. «¡¿Qué narices está pasando aquí?! ¡¿Quién es esta mujer?!». Estaba atónita y asustada por igual.

La cara de los tres era un poema: yo aterrorizada; la mujer paralizada, en *shock*, en la puerta de la habitación mirándonos fijamente; y él tapándose la cara con las manos, incapaz de articular palabra.

A todo esto, desde que sonó el portazo hasta este punto en concreto, habían transcurrido menos de tres segundos. Sin embargo, son esos segundos que parecen horas, en los que ocurren muchas cosas a una velocidad de vértigo que no eres capaz de asimilar al momento.

—Largo... ¡LARGO DE MI CASA AHORA MISMO! —gritó la mujer, desesperada y en cólera.

Completamente aterrorizada y traspuesta, salí corriendo de la habitación mientras ellos se gritaban. Cogí mis cosas de inmediato, me vestí como pude y me fui de allí en estado de *shock*, descalza, sin ropa interior y el vestido mal puesto. No podía creer lo que acababa de pasar. Llamé a Sergio enseguida.

—Necesito que vengas a buscarme —le dije mientras rompía a llorar y caminaba descalza por la calle, todavía con las bragas en la mano.

Al pobre de Sergio le di un susto de muerte; como es lógico, lo dejé superpreocupado, y aunque no tardó nada en llegar a mi ubicación, se me hizo eterno. Mientras lo esperaba, me refugié en una cafetería cercana. Cuando lo vi llegar le di un abrazo y estallé a llorar. No fui capaz de articular palabra. Durante el viaje, Sergio me daba la mano y yo la apretaba con fuerza mientras las lágrimas me brotaban de forma descontrolada. Tenía mucho que digerir. Ya en casa, más tranquila, se lo expliqué todo en detalle.

Miguel había sido infiel a su pareja y yo me sentía igual de traicionada que ella. Poco a poco, fui entendiéndolo todo y las piezas del puzle comenzaron a encajar perfectamente; mientras lo conocía, me había mentido en un millón de cosas, menuda decepción. ¿Cómo puede haber gente tan malvada, capaz de jugar así con los sentimientos de los demás? Yo me había ilusionado muchísimo con él y lo que pasó aquella noche hizo que empezara a perder la fe en las personas.

> RECUERDA:
>
> **TENER UNA RELACIÓN ABIERTA O DE POLIAMOR NO TIENE NADA QUE VER CON LAS INFIDELIDADES**

Tener una relación abierta o poliamorosa NO tiene nada que ver con las infidelidades. La no monogamia se basa en la sinceridad total. Las mentiras y los engaños me causan un rechazo rotundo y absoluto. Yo buscaba crear algo real con Miguel, le abrí mi corazón y lo utilizó para jugar con él y sacar su propio beneficio, sin importarle lo más mínimo lo que yo estaba empezando a sentir por él.

Si hay algo que me crea total rechazo de las personas es que no sean sinceras y jueguen con los sentimientos de los demás. Es por eso por lo que Sergio y yo tenemos una relación tan bonita y pura; porque somos totalmente sinceros el uno con el otro y nos tenemos una confianza brutal. Jamás haríamos nada a espaldas del otro. Siempre nos lo explicamos todo, porque así lo hemos acordado previamente.

Los siguientes días, Miguel no paraba de bombardearme a mensajes en el chat de Instagram de forma abrumadora. Una parte de mí, anhelaba verlo y pedirle explicaciones, ya que mi cabeza no aceptaba lo que había pasado y tenía muchas preguntas que hacerle. Por otro lado, Sergio, desesperado, no quería verme mal y me suplicaba, por mi bien, que no le contestara.

Pasaron varias semanas, y por dentro me moría de ganas de volver a verlo. ¿Debía darle una segunda oportunidad? No tardó en llegar el día en el que tomé una firme decisión que lo cambió todo.

Capítulo 13
Esencia salvaje

Con tan solo dos citas y varias conversaciones, Miguel me había hecho sentir cosas extremadamente fuertes. Reconozco que yo no soy nada enamoradiza, pero lo que había sentido con él de forma tan rápida era algo inaudito en mí y me había desconcertado un montón. La conexión y la química entre ambos habían sido brutales, y es que con él toqué el cielo e incluso sentí que podía llegar a enamorarme de nuevo en tiempo récord. Además, el sexo había sido inmejorable. No obstante, me hizo bajar al infierno en cuestión de segundos tras descubrir su infidelidad, y aquello rompió todos mis esquemas.

En la vida, soy consciente de que me voy a topar con muchos tipos de personas diferentes. Yo siempre intento acercarme a personas positivas, personas que admiro y que tienen mucho que enseñarme y aportarme. No obstante, en ocasiones, sé que voy a tener que expulsar de mi círculo a personas tóxicas.

Al principio, este tipo de personas suelen mostrar un grado de desarrollo personal elevado. Parece que tienen una buena gestión emocional y proyectan una falsa seguridad en sí mismas que al inicio puedes creerte. No obstante, cuantas más personas de este tipo conozco, antes las detecto y más pronto se me disparan las alarmas.

Estas son algunas de las *red flags* que hacen que me aleje de alguien:

—Si no respeta mi opinión o me intenta menospreciar, imponiendo su visión de todo.
—Si lleva un estilo de vida poco saludable.
—Si quiere tener siempre el control y desconfía de mí.
—Si veo que trata mal a los demás (por ejemplo, a un camarero).
—Si no muestra una actitud sincera y transparente.
—Si tiene miedo de mostrar sus sentimientos.
—Si no me facilita su perfil de Instagram o su número de teléfono.
—Si no tiene amigos.
—Si habla constantemente del pasado y se victimiza.
—Si quiere que la primera cita sea en su casa para cenar o en un lugar privado.
—Si habla mal de sus relaciones pasadas o de sus amistades actuales.
—Si me juzga y se salta mis límites, haciéndome sentir incómoda.
—Si habla en exceso de sí mismo y se interesa muy poco por mi opinión.
—Sí detecto «refuerzo intermitente».
—Si no tiene en cuenta mis gustos o preferencias.
—Si precipita la conversación para hablar enseguida de sexo sin apenas conocernos.
—Si huye de las conversaciones incómodas.
—Si intenta manipular mis palabras para salirse con la suya.
—Si no lleva a la práctica la responsabilidad afectiva.
—Si utiliza cualquier tipo de violencia verbal o, por supuesto, física.

Sabía de sobras lo tóxico y destructivo que puede llegar a ser alguien así en mi vida y yo no lo merecía. Sergio tampoco merecía verme así. Por eso decidí bloquear a Miguel, sacarlo definitivamente de mi vida y no volver a verlo nunca más, pese al dolor que aquello me producía.

Era un día gris, de esos en los que hace frío y no sale el sol. Yo estaba sola en la cama. Abrí los ojos y recordé que Sergio no estaba conmigo. Hacía un día que se había marchado a Madrid, en un tren de alta velocidad, para encontrarse allí con Marga. Había pasado más de un mes desde lo de Miguel y lo habíamos hablado mil veces; estaba todo pactado de mutuo acuerdo. De hecho, Sergio me había propuesto cancelar el viaje para no dejarme sola, pero yo insistí en que fuera a ver a Marga porque sabía las ganas que se tenían. Sin embargo, aquella mañana, ya fuera por culpa de mis inseguridades o porque se acercaba el día de la menstruación, sentía un nudo en el estómago y echaba de menos tenerlo a mi lado.

No pude evitar que mi mente se obsesionara con aquellos sentimientos de añoranza y tristeza. Intenté ser racional, de veras que lo intenté con todas mis fuerzas. Amaba a Sergio con toda mi alma y no tenerle allí conmigo, aquella gélida mañana de invierno, me dolía mucho.

El desengaño que tuve con Miguel no me ayudaba precisamente a estar feliz. Deseaba que Sergio me arropase, estaba tan sola... Para colmo, me sentía culpable y egoísta por no alegrarme de que él sí fuera feliz con Marga.

Tenía los ojos vidriosos y no quería levantarme de la cama. Finalmente rompí a llorar y me quedé allí acurrucada con mi perrita, Kimba, hasta que volví a dormirme.

Cuando me desperté de nuevo, ya eran casi las dos del mediodía. Miré el móvil y tenía varios mensajes de Sergio.

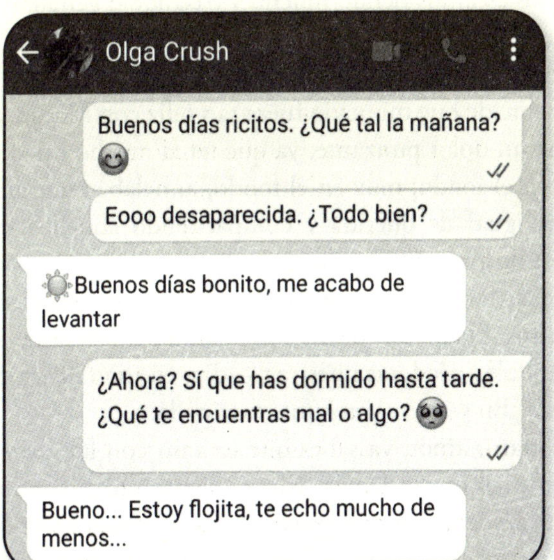

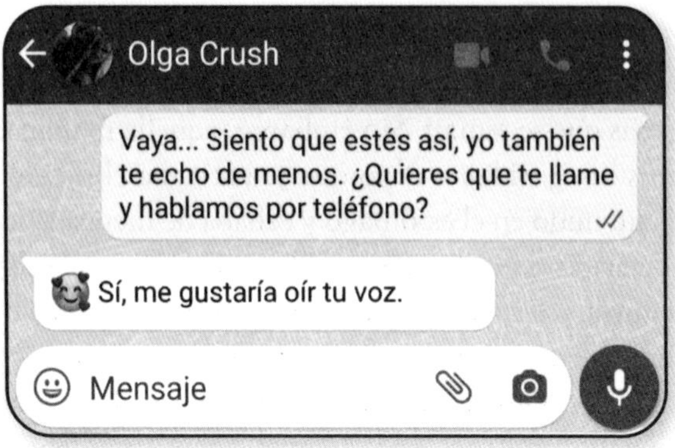

El teléfono sonó inmediatamente tras enviarle el último mensaje.

—¿Qué tal va por Madrid?, ¿os lo estáis pasando bien? —pregunté enseguida tras descolgar, para cambiar de tema y que no se notase mucho mi estado de ánimo de mierda.

—Muy bien, la verdad, ahora estamos dando un paseo por el Retiro y haciéndonos fotos. Marga es muy buena modelo. También he aprovechado para grabar un par de vídeos con ella. Y la verdad es que nos estamos riendo mucho y pasándolo genial.

Tras escuchar aquellas palabras, una parte de mi corazón se alegraba profundamente de que mi novio fuera tan feliz con Marga, pero la otra mitad sentía un dolor punzante, ya que tenía mucho miedo a perderlo y, además, en el fondo, muy en el fondo, anhelaba estar allí con ellos, sintiéndome igual de querida y compartiendo aquellos maravillosos sentimientos de amor.

—Tanto a Marga como a mí nos encantaría que estuvieras aquí con nosotros. De hecho, llevo toda la mañana hablándole de ti y explicándole anécdotas nuestras —dijo en tono divertido.

—¡Guau! ¿En serio? —pregunté fascinada.

—Pues claro, amor, ya sabes que te amo con locura y siempre te tengo presente. Además, Marga siente muchísima admiración por ti desde que te vio en redes, y más desde que te conoció en persona.

En aquel momento, un huracán de emociones golpeó mi corazón. Me quedé sin palabras. Sentía ilusión y mucho miedo, no sabía qué contestarle, me había quedado atónita.

—Cariño, tengo que colgarte. Hablamos más tarde, ¿vale? No olvides que te quiero muchísimo —le respondí sin pensar tan siquiera lo que le estaba diciendo, mi cabeza estaba en otro sitio.

El corazón me había dado un vuelco al escucharlo pronunciar aquellas palabras, no esperaba para nada que me tuvieran tan en cuenta. En el fondo, creía que por haber estado tan distante de ellos, por lo sucedido con Miguel, había propiciado que sus sentimientos avanzaran un montón hasta el punto de excluirme por completo de su relación. El hecho de que Sergio se abriera así conmigo me hizo sentir muy feliz e ilusionada de nuevo.

Desde el engaño de Miguel, había creado un escudo en mi corazón que no me permitía abrirme ni confiar en nadie, incluso llegué a marcar distancias con Sergio de forma inconsciente. Y, por supuesto, también me alejé bastante de la bonita relación que estaban iniciando Sergio y Marga. Tenía un montón de sentimientos encontrados, ya que me daba mucho miedo que volvieran a romperme el corazón. Sin embargo, en mis adentros había una emoción muy pura y real que me recordaba la ilusión que sentía cada vez que nos imaginaba viviendo una bonita historia de amor los tres juntos.

De hecho, desde que decidimos creer en el poliamor, tanto a Sergio como a mí nos fascinaba la idea de poder amar los dos a la vez a una tercera persona y formar una trieja. Desde siempre había sido nuestra ilusión, aunque ambos sabíamos que no era fácil, pero tampoco imposible. ¿Seríamos capaces de enamorarnos los tres?

Algo dentro de mí hizo un clic y comencé a verlo todo con claridad. No podía dejar escapar aquella oportunidad y quedarme con la duda del «y si...». Por una vez en mi vida, sentía exactamente lo que tenía que hacer y junto a quién quería estar. Había tomado la mejor decisión de mi vida y sabía que no iba a equivocarme.

Sin pensármelo dos veces, salté de la cama y me metí de cabeza en la ducha. Me preparé rápidamente cuatro cosas de ropa en una mochila y me fui cagando leches rumbo a Barcelona, con la firme intención de coger el primer tren que saliera con destino a… Madrid.

Por fin había llegado el momento de dejar mis miedos e inseguridades atrás y hacerle caso a mi ESENCIA más SALVAJE.

Epílogo

Y hasta aquí nuestro primer libro. Esperamos de corazón que esta obra haya causado un alto impacto en tu vida, que hayas mojado las bragas o se te haya puesto dura leyendo sus páginas, a la vez que te llevas un aprendizaje de gran valor para tu día a día y tus relaciones personales.

A lo largo de estos capítulos hemos procurado tener tres aspectos en cuenta en todo momento:

En primer lugar, queríamos contar nuestra historia real de forma biográfica; el 90 % de lo que has leído ocurrió tal cual está aquí narrado (el 10 % restante ha sido modificado para resumir, porque la vida real es aún más densa y tiene muchos más matices que aquí se omiten para aportar mayor dinamismo a la historia). Las experiencias reales (y no tanto la teoría) son las que más pueden ayudar a otras personas a empatizar y entender nuestra filosofía de vida.

En segundo lugar, queríamos aportar un valor añadido al lector, así que nos hemos esforzado en incluir reflexiones profundas que invitan a indagar en el propio crecimiento y desarrollo personal desde un punto de vista cercano y ameno, ya que no pretendemos sentar cátedra, sino ser de ayuda para desarrollar un pensamiento crítico y ofrecer herramientas para crear un modelo relacional propio.

Tampoco buscábamos escribir un libro teórico y supertécnico, ya que resulta más fácil aprender cuando te lo pasas bien. Lo cual nos lleva al tercer punto y no menos importante: queríamos que te excitaras leyendo estas páginas. Así que, si te has masturbado en algún momento o has tenido fantasías gracias a nosotros, nos damos por satisfechos. El sexo es placer y el placer es felicidad. De eso va la vida, al igual que este libro.

Está claro que la relación perfecta no existe, ya sea monógama o no, y cuantas más habilidades y recursos tengas, más fácil te será la gestión emocional y garantizar tu felicidad y la de tus vínculos.

MUCHAS GRACIAS si has llegado hasta aquí. Nos vemos pronto en la segunda parte, la cual ya estamos escribiendo con mucha ilusión.

Un besazo enorme,

Olga y Sergio

Agradecimientos

Por todos aquellos que en algún momento nos dijisteis que no podríamos, que no seríamos capaces de conseguir nuestros sueños. Os lo agradecemos, porque vuestras palabras nos dieron un chute extra de motivación para enseñarle al mundo (y sobre todo y más importante, demostrarnos a nosotros mismos) que sí se puede, que las creencias limitantes solo están en la mente de cada uno y que podemos llegar tan lejos como queramos. Tan solo tenemos que creer en nosotros mismos y volar.

Evidentemente, gracias a todos nuestros seguidores. Sin la enorme comunidad de personas que nos apoyáis, este libro no existiría.

Y, por supuesto, gracias a nuestras familias, por apoyarnos y respetarnos siempre en todas nuestras decisiones. Por estar ahí siempre que lo hemos necesitado y por tanta sabiduría y amor.